Ezra Pound
Erlebte Poesie

Ezra Pound

Erlebte Poesie

Pisaner Cantos LXXIV und LXXXI

Englisch | Deutsch

Neuübersetzung, Nachwort und Anmerkungen
von Walter Baumann

EDITION
Noack
Block

Umschlagabbildung: Ezra Pound in den 1940er Jahren.
Name des italienischen Fotografen nicht überliefert.

ISBN 978-3-86813-121-5

Herstellung durch Edition Noack & Block
in der Frank & Timme GmbH,
Wittelsbacherstraße 27a, 10707 Berlin.
Gedruckt auf säurefreiem, alterungsbeständigem Papier.

www.noack-block.de

Gewidmet dem Gedenken an
Eva Hesse (1925–2020),
Ezra Pounds deutscher Übersetzerin
und unermüdlicher Pound-Interpretin

CANTO LXXIV

The enormous tragedy of the dream in the peasant's bent
shoulders
Manes! Manes was tanned and stuffed,
Thus Ben and la Clara *a Milano*
by the heels at Milano
That maggots shd/ eat the dead bullock
DIGONOS, Δίγονος, but the twice crucified
where in history will you find it?
yet say this to the Possum: a bang, not a whimper,
with a bang not with a whimper,
To build the city of Dioce whose terraces are the colour of stars.
The suave eyes, quiet, not scornful,
rain also is of the process.
What you depart from is not the way
and olive tree blown white in the wind
washed in the Kiang and Han
what whiteness will you add to this whiteness,
what candor?
" the great periplum brings in the stars to our shore."
You who have passed the pillars and outward from Herakles
when Lucifer fell in N. Carolina.
if the suave air give way to scirocco
ΟΎ ΤΙΣ, ΟΎ ΤΙΣ? Odysseus
the name of my family.
the wind also is of the process,
sorella la luna
Fear god and the stupidity of the populace,
but a precise definition
transmitted thus Sigismundo
thus Duccio, thus Zuan Bellin, or trastevere with La Sposa

CANTO LXXIV*

Die ungeheure Tragödie des Traums in den verkrümmten Schultern
des Bauern
Manes! Manes wurde gehäutet und ausgestopft,
So auch Ben und La Clara *a Milano*
an den Fersen in Mailand
Dass die Maden den toten Ochsen fressen
DIGONOS, Δίγονος, doch den Zweimalgekreuzigten
wo in der Geschichte findet man den?
aber sagt es dem Possum: ein Knall, nicht ein Säuseln,
mit einem Knall, nicht mit einem Säuseln,
Deiokes' Stadt zu bauen mit Terrassen in den Farben der Sterne.
Die sanften Augen, ruhig, nicht verächtlich,
Regen gehört auch zum Ganzen.
Es ist nicht der Weg von dem man abkommt
und der Olivenbaum vom Wind weißgeblasen
im Kiang und Han gewaschen
was für ein Weiß wollt ihr diesem Weiß noch hinzufügen,
welche Offenheit?
„ der große Periplus bringt die Sterne an unsre Küste."
Du der über die Herkulessäulen hinausgefahren ist
als Luzifer in Nordkarolinien abstürzte.
falls die milde Luft dem Scirocco Platz macht
OÝ TIΣ, OÝ TIΣ? Odysseus
der Name meiner Familie.
auch der Wind gehört zum Ganzen,
sorella la luna
Fürchtet Gott und die Dummheit des Volks,
doch einen genauen Kulturbegriff
überlieferte Sigismundo
auch Duccio, auch Zuan Bellin, oder jenseits des Tibers La Sposa

* N.B. Die deutschen Worte, die Pound selbst in den englischen Text eingefügt hat, sind durch ** gekennzeichnet.

Sponsa Cristi in mosaic till our time / deification of emperors
but a snotty barbarian ignorant of T'ang history need not deceive
one
nor Charlie Sung's money on loan from anonimo
that is, we suppose Charlie had some
and in India the rate down to 18 per hundred
but the local loan lice provided from imported bankers
so the total interest sweated out of the Indian farmers
rose in Churchillian grandeur
as when, and plus when, he returned to the putrid gold standard
as was about 1925   Oh my England
that free speech without free radio speech is as zero
and but one point needed for Stalin
you need not, i.e. need not take over the means of production;
money to signify work done, inside a system
and measured and wanted
" I have not done unnecessary manual labour "
says the R.C. chaplain's field book
(preparation before confession)
squawky as larks over the death cells
militarism progressing westward
im Westen nichts neues
and the Constitution in jeopardy
and that state of things not very new either

" of sapphire, for this stone giveth sleep "
not words whereto to be faithful
nor deeds that they be resolute
only that bird-hearted equity make timber
and lay hold of the earth
and Rouse found they spoke of Elias
in telling the tales of Odysseus   ΟΥ̓ ΤΙΣ
ΟΥ̓ ΤΙΣ
" I am noman, my name is noman "

Sponsa Cristi als Mosaik bis auf unsere Tage / die Vergötterung der Kaiser
aber ein rotznäsiger Barbar ohne Kenntnis der T'ang-Geschichte
braucht uns nichts vorzumachen
auch nicht Charlie Sungs Geld aus anonymer Quelle
das heißt, wir nehmen an dass es Charlie hatte
und in Indien sank der Zinsfuß auf achtzehn vom Hundert
aber die einheimischen Kredithaie wurden unterstützt von
ausländischen Bankiers
sodass der Gesamtzins der den indischen Bauern aufgebürdet wurde
in Churchillischem Ausmaß anstieg
als er dazu noch den scheußlichen Goldstandard wiedereinführte
was circa 1925 geschah   Oh du mein England
dass Redefreiheit ohne Redefreiheit im Radio nichts wert
und schon ganz nah bei Stalin ist
man braucht nicht, d.h. braucht die Produktionsmittel nicht zu
übernehmen;
Geld soll innerhalb eines Systems, geleisteste Arbeit bedeuten
und nach Maß und Bedarf
„ Ich habe keine unnötige Handarbeit verrichtet "
heißt es im Gebetbuch des katholischen Kaplans
(Vorbereitung zur Beichte)
schrill wie die Lerchen über den Todeszellen
der Militarismus zieht westwärts
im Westen nichts neues
und die Verfassung in Gefahr
und auch dieser Stand der Dinge nicht sehr neu

" aus Saphir, denn dieser Stein bringt den Schlaf "
nicht Worte denen man treu bleibt
noch Taten die entscheidend sind
nur dass Gerechtigkeit sich vermehre
und die ganze Erde erfasse
und Rouse fand dass sie von Elias sprachen
wenn sie die Taten von Odysseus erzählten   OΎ TIΣ
OΎ TIΣ
„ Ich bin Niemand, mein Name ist Niemand "

but Wanjina is, shall we say, Ouan Jin
or the man with an education
and whose mouth was removed by his father
                because he made too many *things*
whereby cluttered the bushman's baggage
vide the expedition of Frobenius' pupils about 1938
                                        to Auss'ralia
Ouan Jin spoke and thereby created the named
                                        thereby making clutter
the bane of men moving
and so his mouth was removed
as you will find it removed in his pictures
                                in principio verbum
                paraclete or the verbum perfectum: sinceritas
from the death cells in sight of Mt. Taishan @ Pisa
as Fujiyama at Gardone
when the cat walked the top bar of the railing
and the water was still on the West side
flowing toward the Villa Catullo
where with sound ever moving
                        in diminutive poluphloisboios
in the stillness outlasting all wars
" La Donna " said Nicoletti
                                " la donna,
                                        la donna! "
" Cosa deve continuare? "
" Se casco " said Bianca Capello
" non casco in ginocchion "
and with one day's reading a man may have the key in his hands
Lute of Gasir. Hooo Fasa
came a lion-coloured pup bringing fleas
and a bird with white markings, a stepper
                                under *les six potences*
Absouldre, que tous nous vueil absoudre
lay there Barabbas and two thieves lay beside him

aber Wanjina ist, sagen wir mal, Ouan Jin
oder der Mensch mit Bildung
und dem sein Vater den Mund wegnahm
weil er zu viele *Dinge* machte
womit er das Gepäck des Buschmanns überlastete
siehe die Expedition der Frobenius-Schüler circa 1938
nach Australien
Ouan Jin sprach und schuf dadurch das Genannte
wodurch zu viel Kram entstand
der Fluch der Menschen die unterwegs sind
und so wurde sein Mund entfernt
wie man's auf seinen Bildnissen sieht
in pricipio verbum
der Paraklet oder das verbum perfectum: sinceritas
aus den Todeszellen mit Blick auf den Mt. Taishan @ Pisa
wie auf den Fujiyama von Gardone aus
als die Katze oben auf dem Geländer dahinlief
und das Wasser ganz still war auf der Westseite
und gegen die Villa Catullo floss
wo mit immer variablem Ton
in winzigen poluphloisboios
in der Stille die alle Kriege überdauert
„ La Donna " sagte Nicoletti
„ la donna,
la donna! "
„ Cosa deve continuare? "
„ Se casco " sagte Bianca Capello
„ non casco in ginocchion "
und nach einem mit Lesen verbrachten Tag kann man den Schlüssel in
der Hand haben
Gasirs Laute. Hooo Fasa
kam ein löwenfarbiges Hündlein und brachte Flöhe
und ein Vogel mit weißer Zeichnung, eine Bachstelze
unter *les six potences*
Absouldre, que tous nous vueil absoudre
lag da Barabbas und zwei Diebe lagen neben ihm

infantile synthesis in Barabbas
minus Hemingway, minus Antheil, ebullient
and by name Thos. Wilson
Mr. K. said nothing foolish, the whole month nothing foolish:
" if we weren't dumb, we wouldn't be here "
                                        and the Lane gang.
Butterflies, mint and Lesbia's sparrows,
the voiceless with bumm drum and banners,
                                  and the ideogram of the guard roosts
el triste pensier si volge
    ad Ussel. A Ventadour
        va il consire, el tempo rivolge
and at Limoges the young salesman
bowed with such french politeness " No that is impossible. "
I have forgotten which city
But the caverns are less enchanting to the unskilled explorer
    than the Urochs as shown on the postals,
we will see those old roads again, question,
                                             possibly
but nothing appears much less likely,
                                             Mme Pujol,
and there was a smell of mint under the tent flaps
especially after the rain
            and a white ox on the road toward Pisa
                    as if facing the tower,
dark sheep in the drill field and on wet days were clouds
in the mountains as if under the guard roosts.
        A lizard upheld me
        the wild birds wd not eat the white bread
        from Mt Taishan to the sunset
From Carrara stone to the tower
    and this day the air was made open
        for Kuanon of all delights,
          Linus, Cletus, Clement
                                        whose prayers,
the great scarab is bowed at the altar

eine kindische Mischung in Barabbas
minus Hemingway, minus Antheil, frohgemut
und namens Thos. Wilson
Mr. K. sagte nichts Dummes, den ganzen Monat lang nichts Dummes:
„ wenn wir nicht blöd wären, wären wir nicht hier “
und die Lane-Bande.
Schmetterlinge, Minze und Lesbias Spatzen,
die Stimmlosen mit Trommeln und Wimpeln,
und das Ideogramm der Wachtürme
el triste pensier si volge
ad Ussel. A Ventadour
va il consire, el tempo rivolge
und in Limoges der junge Verkäufer
verbeugte sich mit so französischer Höflichkeit „ Nein das ist unmöglich.“
Ich hab vergessen in welcher Stadt
Aber die Höhlen sind weniger verzaubernd für den ungeschulten Forscher
als die Auerochsen auf den Postkarten,
wir werden jene alten Straßen nochmals sehen, Fragezeichen,
vielleicht
aber nichts scheint weniger wahrscheinlich,
Mme Pujol,
und da war ein Duft von Minze unter der Zeltbahn
besonders nach dem Regen
und ein weißer Ochse auf der Straße nach Pisa
wie wenn er auf den Turm zuginge,
dunkle Schafe auf dem Exerzierplatz und an nassen Tagen gab es Wolken
in den Bergen wie wenn sie unter den Wachtürmen wären.
Eine Eidechse war mir eine Stütze
die wilden Vögel nahmen das Weißbrot nicht
vom Taishan zum Sonnenuntergang
Vom Carrara-Gestein zum Turm
und an diesem Tag tat sich die Luft auf
für Kuanon in aller Herrlichkeit,
Linus, Cletus, Clement
deren Gebete,
der große Skarabäus beugt sich vor dem Altar

the green light gleams in his shell
plowed in the sacred field and unwound the silk worms early
in tensile 顯
in the light of light is the *virtù*
" sunt lumina " said Erigena Scotus
as of Shun on Mt Taishan
and in the hall of the forebears
as from the beginning of wonders
the paraclete that was present in Yao, the precision
in Shun the compassionate
in Yu the guider of waters

4 giants at the 4 corners
three young men at the door
and they digged a ditch round about me
lest the damp gnaw thru my bones
to redeem Zion with justice
sd/Isaiah. Not out on interest said David rex
the prime s.o.b.
Light tensile immaculata
the sun's cord unspotted
" sunt lumina " said the Oirishman to King Carolus,
" OMNIA,
all things that are are lights "
and they dug him up out of sepulture
soi disantly looking for Manichaeans.
Les Albigeois, a problem of history,
and the fleet at Salamis made with money lent by the state to the
shipwrights
Tempus tacendi, tempus loquendi.
Never inside the country to raise the standard of living
but always abroad to increase the profits of usurers,
dixit Lenin,
and gun sales lead to more gun sales
they do not clutter the market for gunnery
there is no saturation

das grüne Licht leuchtet in seinem Schild
pflügte im heiligen Acker und wickelte früh die Seidenkokons ab
im ungebrochenen Licht 顯
im Licht des Lichts liegt die *Virtù*
„ sunt lumina " sagte Erigena Scotus
wie von Shun auf Mount Taishan
und in der Ahnenhalle
wie es war am Anfang der Wunder
der Paraklet der in Yao war, die Genauigkeit
in Shun dem Barmherzigen
in Yu dem Leiter der Wasser

4 Riesen an den 4 Ecken
drei junge Männer am Eingang
und sie machten einen Graben um mich
damit die Feuchtigkeit meine Knochen nicht zerfresse
Zion zu erlösen durch Gerechtigkeit
sagte Jesaja. Nicht mit Zins sagte David rex
der erste Schwerenöter
dehnbares Licht immaculata
unbefleckt der Sonnenstrahl
„ sunt lumina " sagte der Irländer zu König Carolus,
„ OMNIA,
alle Dinge die sind sind Lichter "
und sie machten sein Grab auf
angeblich auf der Suche nach Manichäern.
Les Albigeois, ein geschichtliches Rätsel,
und die Salamis-Flotte erbaut mit Geld geliehen vom Staat an die
Schiffbauer
Tempus tacendi, tempus loquendi.
Nie im Landesinnern den Lebensstandard zu erhöhen
sondern immer im Ausland um die Profite der Wucherer zu steigern,
dixit Lenin,
und Waffenhandel führt zu mehr Waffenhandel
der Handel mit Waffen ist nie übersättigt
es gibt keine Sättigung

Pisa, in the 23rd year of the effort in sight of the tower
and Till was hung yesterday
for murder and rape with trimmings plus Cholkis
plus mythology, thought he was Zeus ram or another one
Hey Snag wots in the bibl'?
wot are the books ov the bible?
Name 'em, don't bullshit ME.
莫 ΟΎ ΤΙΣ
a man on whom the sun has gone down
the ewe, he said had such a pretty look in her eyes;
and the nymph of the Hagoromo came to me,
as a corona of angels
one day were clouds banked on Taishan
or in glory of sunset
and tovarish blessed without aim
wept in the rainditch at evening
Sunt lumina
that the drama is wholly subjective
stone knowing the form which the carver imparts it
the stone knows the form
sia Cythera, sia Ixotta, sia in Santa Maria dei Miracoli
where Pietro Romano has fashioned the bases
ΟΎ ΤΙΣ
a man on whom the sun has gone down
nor shall diamond die in the avalanche
be it torn from its setting
first must destroy himself ere others destroy him.
4 times was the city rebuilded, Hooo Fasa
Gassir, Hooo Fasa dell' Italia tradita
now in the mind indestructible, Gassir, Hooo Fasa,
With the four giants at the four corners
and four gates mid-wall Hooo Fasa
and a terrace the colour of stars
pale as the dawn cloud, la luna
thin as Demeter's hair

Pisa, im 23. Jahr des Bestrebens mit Blick auf den Turm
und Till wurde gestern gehenkt
wegen Mord und Notzucht mit Zutaten plus Kolchis
plus Mythologie, glaubte er sei Zeus der Bock oder sonst einer
Sag mal, Snag, was ist in der Bibel?
was sind die Bücher der Bibel?
Zähl sie auf, verarsch mich nicht.
莫 OÝ TIΣ
ein Mensch für den die Sonne untergegangen ist
Das Mutterschaf, sagte er hatte einen so lieblichen Blick in den Augen;
und die Nymphe aus Hagoromo kam zu mir,
wie ein Kranz aus Engeln
eines Tags saßen Wolken auf Taishan
oder in der Pracht des Sonnenuntergangs
und Towarischtsch sinnlos gepriesen
weinte abends in die Regenrinne
Sunt lumina
dass das Drama ganz und gar subjektiv ist
der Stein kennt die Form die der Bildhauer ihm gibt
der Stein kennt die Form
sia Cythera, sia Ixotta, sia in Santa Maria dei Miracoli
wo Pietro Romano die Sockel gestaltet hat
OÝ TIΣ
ein Mensch für den die Sonne untergegangen ist
auch kommt der Diamant in der Lawine nicht um
selbst wenn er aus der Fassung gerissen wird
muss sich zuerst selbst zerstören bevor andre ihn zerstören.
4mal wurde die Stadt wiederaufgebaut, Hooo Fasa
Gassir, Hooo Fasa dell' Italia tradita
jetzt im Kopf unzerstörbar, Gassir, Hoooo Fasa,
Mit den vier Riesen an den vier Ecken
und einem Tor in jeder Seitenwand Hooo Fasa
und einer Terrasse in den Farben der Sterne
bleich wie die Morgenwolke, la luna
schütter wie Demeters Haar

Hooo Fasa, and in a dance the renewal
with two larks in contrappunto
at sunset
ch'intenerisce
a sinistra la Torre
seen thru a pair of breeches.
Che sublia es laissa cader
between NEKUIA where are Alcmene and Tyro
and the Charybdis of action
to the solitude of Mt. Taishan
femina, femina, that wd / not be dragged into paradise
by the hair,
under the grey cliff in periplum
the sun dragging her stars
a man on whom the sun has gone down
and the wind came as hamadryas under the sun-beat
Vae soli
are never alone
amid the slaves learning slavery
and the dull driven back toward the jungle
are never alone ‘ΗΛΙΟΝ ΠΕΡΙ ‘ΗΛΙΟΝ
as the light sucks up vapor
and the tides follow Lucina
that had been a hard man in some ways
a day as a thousand years
as the leopard sat by his water dish;
hast killed the urochs and the bison sd/ Bunting
doing six months after that war was over
as pacifist tempted with chicken but declined to approve
of war " Redimiculum Metellorum "
privately printed
to the shame of various critics
nevertheless the state can lend money
and the fleet that went out to Salamis
was built by state loan to the builders
hence the attack on classical studies

Hooo Fasa, und in einem Tanz die Erneuerung
mit zwei Lerchen in contrappunto
bei Sonnenuntergang
ch'intenerisce
a sinistra la Torre
gesehen durch ein Paar Hosenbeine.
Che sublia es laissa cader
zwischen NEKUIA wo Alkmene und Tyro sind
und der Charybdis der Tat
zur Einsamkeit von Mount Taishan
femina, femina, die sich nicht an den Haaren ins Paradies
ziehen ließ,
unter den grauen Klippen in Periplum
schleppt die Sonne ihre Sterne
ein Mensch für den die Sonne untergegangen ist
und der Wind kam wie Hamadryaden in stechender Sonne
Vae soli
sind nie allein
unter Sklaven das Sklavesein erlernen
und die Beschränkten wieder Richtung Dschungel getrieben
sind nie allein 'ΗΔΙΟΝ ΠΕΡΙ 'ΗΔΙΟΝ
wenn das Licht den Dunst aufsaugt
und die Gezeiten Lucina gehorchen
der in gewissem Sinne ein hartherziger Mensch war
ein Tag wie tausend Jahre
wie der Leopard bei seiner Wasserschüssel saß;
hast den Auerochsen und den Wisent getötet sagte Bunting
kam sechs Monate in den Knast als jener Krieg zu Ende war
als Pazifist mit Poulets in Versuchung geführt doch lehnte es ab den Krieg
gutzuheißen „ Redimiculum Matellarum "
im Selbstverlag
zur Schande verschiedener Kritiker
dennoch kann der Staat Geld ausleihen
und die Flotte die nach Salamis fuhr
wurde gebaut mit Staatsanleihen an die Schiffbauer
deshalb der Angriff auf die klassische Philologie

and in this war were Joe Gould, Bunting and cummings
as against thickness and fatness

black that die in captivity
night green of his pupil, as grape flesh and the sea wave
undying luminous and translucent

Est consummatum, Ite;

surrounded by herds and by cohorts looked on Mt Taishan

but in Tangier I saw from the dead straw ignition
From a snake bite
fire came to the straw
from the fakir blowing
foul straw and an arm-long snake
that bit the tongue of the fakir making small holes
and from the blood of the holes
came fire when he stuffed the straw into his mouth
dirty straw that he took from the roadway
first smoke and then the dull flame
that wd/ have been in the time of Rais Uli
when I rode out to Elson's
near the villa of Perdicaris
or for four years before that
elemental he thought the souls of the children, if any,
but had rented a shelter for travelers
by foot from Siria, some of them
nor is it for nothing that the chrysalids mate in the air
color di luce
green splendour and as the sun thru pale fingers
Lordly men are to earth o'ergiven
these the companions:
Fordie that wrote of giants
and William who dreamed of nobility

und in diesem Krieg waren Joe Gould, Bunting and cummings
gegen Dummheit und Verstocktheit

Schwarze die in Gefangenschaft sterben
  das Nachtgrün seiner Iris, wie Traubenfleisch und Meereswelle
immer leuchtend und durchsichtig

        Est consummatum, Ite;

  umringt von Herden und Kohorten schaute auf zum Berg Tai

aber in Tangier sah ich totes Stroh Feuer fangen
      Von einem Schlangenbiss
  Feuer kam ans Stroh
  vom Blasen des Fakirs
  verfaultes Stroh und eine armlange Schlange
  die in die Zunge des Fakirs biss und kleine Löcher hinterließ
      und vom Blut aus den Löchern
      kam Feuer als er das Stroh in den Mund stopfte
dreckiges Stroh, das er von der Straße auflas
        zuerst Rauch und dann die matte Flamme
 das muss zurzeit von Rais Uli gewesen sein
  als ich zu den Elsons hinausritt
  in der Nähe der Villa von Perdicaris
  oder vier Jahre früher
 elementar dachte er sich die Seele von Kindern, falls vorhanden,
aber er hatte eine Unterkunft für Reisende gemietet
 zu Fuß aus Syrien, einige von ihnen
auch kommt es nicht von ungefähr dass sich die Chrysaliden in der
                  Luft paaren
            color di luce
grüne Herrlichkeit und wie die Sonne durch bleiche Finger scheint
Edle Männer sind der Erde übergeben
      dies die Gefährten:
Fordie der über Riesen schrieb
 und William der vom Adelsstand träumte

and Jim the comedian singing:
“ Blarney castle me darlin’
you’re nothing now but a StOWne ”
and Plarr talking of mathematics
or Jepson lover of jade
Maurie who wrote historical novels
and Newbolt who looked twice bathed
are to earth o’ergiven.
And this day the sun was clouded
—“ You sit stiller ” said Kokka
“ if whenever you move something jangles.”
and the old Marchesa remembered a reception in Petersburg
and Kokka thought there might be some society (good) left in
Spain, wd. he care to frequent it, my god, no!
opinion in 1924
Sirdar, Bouiller and Les Lilas,
or Dieudonné London, or Voisin’s,
Uncle George stood like a statesman ‘ΡΕΙ ΠΑΝΤΑ
fills up every hollow
the cake shops in the Nevsky, and Schöners
not to mention the Greif at Bolsano la patronne getting older
Mouquin’s or Robert’s 40 years after
and La Marquise de Pierre had never before met an American
“ and all their generation ”
no it is not in that chorus
Huddy going out and taller than anyone present
où sont les heurs of that year
Mr James shielding himself with Mrs Hawkesby
as it were a bowl shielding itself with a walking stick
as he maneuvered his way toward the door
Said Mr Adams, of the education,
Teach? at Harvard?
Teach? It cannot be done.

und Jim der Komödiant sang:
„ Schloss Blarrney mein Schätzchen
Du bist jetzt nur noch ein StEIn “
und Plarr sprach über Mathematik
oder Jepson der Jadeliebhaber
Maurie der historische Romane schrieb
und Newbolt der aussah wie zweimal gebadet
sind der Erde übergeben.
Und an diesem Tag war die Sonne hinter Wolken
—„ Man sitzt stiller “ sagte Kokka
„ wenn bei jeder Bewegung etwas klirrt.“
und die alte Marchesa erinnerte sich an einen Empfang in Petersburg
und Kokka glaubte dass es noch Gesellschaft (gute) in
Spanien geben könnte. Würde er sie aufsuchen?
Mein Gott, nein!
Meinung von 1924
Sirdar, Bouiller und Les Lilas,
oder Dieudonné London, or Voisin
Onkel George stand da wie ein Staatsmann ʽΡΕΙ ΠΑΝΤΑ
füllt jeden Hohlraum aus
die Konditoreien in der Nevsky, und Schöner
ganz zu schweigen vom Greif in Bolzano la patrona nicht mehr die
Jüngste
Mouquin oder Robert 40 Jahre danach
und die Marquise de Pierre hatte zuvor noch keinen Amerikaner
getroffen
„ und ihre ganze Generation “
nein es steht nicht in jenem Refrain
Huddy überragte beim Hinausgehen alle Anwesenden
où sont les heurs jenes Jahres
Mr James nahm sich Mrs Hawkesby als Schild
wie wenn eine Schale sich hinter einem Spazierstock versteckt
als er sich den Weg zur Tür bahnte
Sagte Mr Adams, die Bildung betreffend,
Belehrung? in Harvard?
Belehrung? Das gibt es nicht.

and this I had from the monument
Haec sunt fastae
Under Taishan quatorze Juillet
with the hill ablaze north of Taishan
and Amber Rives is dead, the end of that chapter
see Time for June 25th,
Mr Graham himself unmistakably,
on a horse, an ear and the beard's point showing
and the Farben works still intact
to the tune of Lilibullero
and they have bitched the Adelphi
niggers scaling the obstacle fence
in the middle distance
and Mr Edwards superb green and brown
in ward No 4 a jacent benignity,
of the Baluba mask: " doan you tell no one
I made you that table "
methenamine eases the urine
and the greatest is charity
to be found among those who have not observed
regulations
not of course that we advocate—
and yet petty larceny
in a regime based on grand larceny
might rank as conformity nient' altro
with justice shall be redeemed
who putteth not out his money on interest
" in meteyard in weight or in measure "
XIX Leviticus or
First Thessalonians 4,11
300 years of culture at the mercy of a tack hammer
thrown thru the roof
Cloud over mountain, mountain over the cloud
I surrender neither the empire nor the temples
plural
nor the constitution nor yet the city of Dioce

und das hatte ich vom Monument
Haec sunt fastae
Unter dem Taishan quatroze Juillet
mit dem Hügel nördlich vom Taishan in Flammen
und Amber Rives ist tot, das Ende jenes Kapitels
siehe Time vom 25. Juni,
unverkennbar Mr Graham persönlich,
hoch zu Ross, ein Ohr und der Spitzbart deutlich sichtbar
und die Farbenwerke stehen noch
zur Melodie von Lilibullero
und sie haben das Adelphi verunstaltet
Neger klettern über den Hinderniszaun
im Mittelgrund
und Mr Edwards prächtiges Grün und Braun
in Abteilung 4 ein gutmütiger Nachbar,
von der Baluba-Maske: „ sag's keinem dass
ich dir diesen Tisch gemacht hab “
Methenamin erleichtert das Urinieren
und das Größte ist die Nächstenliebe
zu finden bei denen die die Vorschriften nicht
befolgt haben
nicht dass wir es befürworten—
und dennoch könnte kleiner Diebstahl
in einem Regime das auf großem Diebstahl basiert
als konform eingestuft werden nient' altro
mit Gerechtigkeit wird belohnt
wer sein Geld zinslos ausleiht
„ mit der Elle, mit Gewicht, mit Maß “
3. Buch Mose 19: 35 oder
1. Thessalonicher 4:11
300 Jahre Kultur einem durchs Dach geschleuderten
Zwecken-Hammer ausgeliefert
Wolke überm Berg, Berg über der Wolke
Ich geb weder das Reich auf noch die Tempel
plural
noch die Verfassung, noch die Stadt des Deiokes

each one in his god's name
as by Terracina rose from the sea Zephyr behind her
and from her manner of walking
as had Anchises
till the shrine be again white with marble
till the stone eyes look again seaward
The wind is part of the process
The rain is part of the process
and the Pleiades set in her mirror
Kuanon, this stone bringeth sleep;
offered the wine bowl
grass nowhere out of place
χθόνια γέα, Μήτηρ,
by thy herbs menthe thyme and basilicum,
from whom and to whom,
will never be more now than at present
being given a new green katydid of a Sunday
emerald, paler than emerald,
minus its right propeller
this tent is to me and ΤΙΘΩΝΩΙ
eater of grape pulp
in coitu inluminatio
Manet painted the bar at La Cigale or at Les Folies in that year
she did her hair in small ringlets, à la 1880 it might have been,
red, and the dress she wore Drecol or Lanvin
a great goddess, Aeneas knew her forthwith
by paint immortal as no other age is immortal
la France dixneuvième
Degas Manet Guys unforgettable
a great brute sweating paint said Vanderpyl 40 years later
of Vlaminck
for this stone giveth sleep
staria senza più scosse
and eucalyptus that is for memory
under the olives, by cypress, mare Tirreno,
Past Malmaison in field by the river the tables

jeder im Namen seines Gottes
wie sie bei Terracina aus dem Meer stieg mit Zephyr im Rücken
und erkannt an ihrer Gangart
wie Anchises es tat
bis der Schrein wieder dasteht weiß in Marmor
bis die Steinaugen wieder meerwärts blicken
Der Wind ist ein Teil des Ganzen
Der Regen ist ein Teil des Ganzen
und die Plejaden sind in ihrem Spiegel
Kuanon, dieser Stein bringt den Schlaf;
trat vor mit der Weinschale
Gras ist nirgends fehl am Platz
χθόνια γέα, Μήτηρ,
durch deine Kräuter Minze Thymian und Basilikum,
von wem und an wen,
wird nie mehr sein als jetzt in der Gegenwart
bekam eines Sonntags eine neue grüne Heuschrecke
Smaragd, bleicher als Smaragd,
ohne ihren rechten Fühler
dieses Zelt gehört mir und ΤΙΘΩΝΩΙ
Esser von Traubenfleisch
in coitu inluminatio
Manet malte die Bar in La Cigale oder in Les Folies in jenem Jahr
sie trug ihr Haar in Ringellocken, à la 1880 könnte es gewesen sein,
rot, und das Kleid das sie anhatte von Drecol oder Lanvin
eine große Göttin, Aeneas erkannte sie sogleich
in Malfarben unsterblich wie kein anderes Zeitalter
la France dixneuvième
Degas Manet Guys unvergesslich
ein brutaler Kerl der Farbe schwitzt sagte Vanderpyl 40 Jahre später
von Vlaminck
dieser Stein bringt den Schlaf
staria senza più scosse
und der Eukalyptus ist ein Andenken
unter den Ölbäumen, bei den Zypressen, mare Tirreno,
Nach Malmaison in einer Wiese am Fluss die Tische

Sirdar, Armenonville
Or at Ventadour the keys of the chateau;
rain, Ussel,
To the left of la bella Torre   the tower of Ugolino
in the tower to the left of the tower
chewed his son's head
and the only people who did anything of any interest were H., M.
and
Frobenius *der Geheimrat*
der im Baluba das Gewitter gemacht hat
and Monsieur Jean wrote a play now and then or the
Possum
pouvrette et ancienne   oncques lettre ne lus
I don't know how humanity stands it
with a painted paradise at the end of it
without a painted paradise at the end of it
the dwarf morning-glory twines round the grass blade
magna NOX animae with Barabbas and 2 thieves beside me,
the wards like a slave ship,
Mr Edwards, Hudson, Henry   *comes miseriae*
Comites Kernes, Green and Tom Wilson
God's messenger Whiteside
and the guards op/ of the . . .
was lower than that of the prisoners
" all them g.d. m.f. generals c.s. all of 'em fascists "
" fer a bag o' Dukes "
" the things I saye an' dooo "
ac ego in haram
so lay men in Circe's swine-sty;
ivi in haram *ego* ac vidi cadaveres animae
" c'mon small fry " sd/ the little coon to the big black;
of the slaver as seen between decks
and all the presidents
Washington Adams Monroe Polk Tyler
plus Carrol (of Carrolton) Crawford

Sirdar, Armenonville
Oder in Ventadour die Schlüssel zum Chateau;
Regen, Ussel,
Links von la bella Torre der Turm von Ugolino
im Turm links vom Turm
kaute den Kopf seines Sohns
und die einzigen die etwas Interessantes taten waren H., M.
und
Frobenius *der Geheimrat*
der im Baluba das Gewitter gemacht hat
und Monsieur Jean schrieb hin und wieder ein Schauspiel oder der
Possum
pouvrette et ancienne oncques lettre ne lus
Ich weiß nicht wie's die Menschheit aushält
mit gemaltem Paradies am Ende
ohne gemaltes Paradies am Ende
die Zwergprunkwinde wickelt sich um den Grashalm
magna NOX animae mit Barabbas und 2 Dieben neben mir,
die Abteile wie auf einem Sklavenschiff,
Mr Edwards, Hudson, Henry *comes miseriae*
Comites Kernes, Green und Tom Wilson
der Bote Gottes Whiteside
und die Meinung der Wachmannschaft über . . .
war schlimmer als die der Gefangenen
„ all diese verdammten Generäle lecken den Faschisten i.A. "
„ für ein Päckchen Dukes-Tabak "
„ die Sachen die ich da sag und tu "
ac ego in haram
so lagen Männer in Circes Saustall;
ivi in haram *ego* ac vidi cadaveres animae
„ komm schon, Kleiner " sagte der kleine Schwarze zum großen;
das Sklavenschiff vom Zwischendeck aus
und alle Präsidenten
Washington Adams Monroe Polk Tyler
plus Carrol (von Carrolton) Crawford

Robbing the public for private individual's gain ΘΕΛΓΕΙΝ
every bank of discount is downright iniquity
robbing the public for private individual's gain
nec benecomata Kirkê, ma! κακὰ φάργακ'ἔδωκεν
neither with lions nor leopards attended
but poison, veleno
in all the veins of the commonweal
if on high, will flow downward all thru them
if on the forge at Predappio?   sd/ old Upward:
" not the priest but the victim "
his seal Sitalkas,   sd/ the old combatant: " victim,
withstood them by Thames and by Niger with pistol by Niger
with a printing press by the Thames bank"
until I end my song
and shot himself;
for praise of intaglios
Matteo and Pisanello out of Babylon
they are left us
for roll or plain impact
or cut square in the jade block

nox animae magna from the tent under Taishan
amid what was termed the a.h. of the army
the guards holding opinion. As it were to dream of
morticians' daughters raddled but amorous
To study with the white wings of time passing
is not that our delight
to have friends come from far countries
is not that pleasure
nor to care that we are untrumpeted?
filial, fraternal affection is the root of humaneness
the root of the process
nor are elaborate speeches and slick alacrity.
employ men in proper season

Raub an der Öffentlichkeit zum Gewinn von Privatpersonen ΘΕΛΓΕΙΝ
jede Diskontbank ist absolut ungerecht
Raub an der Öffentlichkeit zum Gewinn von Privatpersonen
nec benecomata Kirkè, mah! κακὰ φάργακ’ ἔδωκεν
weder mit Löwen noch Leoparden im Gefolge
aber Gift, veleno
in allen Adern des Gemeinwesens
ist es bei den Obern, fließt es nach unten durch alle
auch bis zur Esse in Predappio? sagte der alte Upward:
„ nicht der Priester sondern das Opfer “
sein Siegel Sitalkas, sagte der alte Kämpfer: „ Opfer,
hielt ihnen stand an der Themse und am Niger mit der Pistole am Niger
mit einer Druckerpresse am Ufer der Themse “
bis ich mein Lied beende
und erschoss sich;
zum Lob von Gemmen
Matteo und Pisanello aus Babylon
die haben wir noch
zum Rollen oder zum einfachen Abdruck
oder direkt in den Jadeblock gekerbt

nox animae magna aus dem Zelt unterm Taishan
mitten in dem was das Arschloch der Armee geheißen wurde
so die Meinung der Wachen. Wie wenn man träumte
von den Töchtern der Bestatter, etwas müde aber liebestoll
uns Studien hinzugeben während die weißen Flügel der Zeit
vorüberziehen
ist das nicht unsere Lust
Freunde zu haben die aus fernen Ländern kommen
ist das nicht unser Vergnügen
und uns nicht zu kümmern dass man uns nicht bejubelt
kindliche, brüderliche Zuneigung ist die Wurzel des
Menschseins
die Wurzel des Ganzen
nicht aber kompliziertes Reden und clevere Bereitwilligkeit.
man stelle die Leute zur rechten Zeit ein

not when they are at harvest
E al Triedro, Cunizza
e l'altra: " Io son' la Luna."
dry friable earth going from dust to more dust
grass worn from its root-hold
is it blacker? was it blacker? Νύξ animae?
is there a blacker or was it merely San Juan with a belly ache
writing ad posteros
in short shall we look for a deeper or is this the bottom?
Ugolino, the tower there on the tree line
Berlin dysentery phosphorus
la vieille de Candide
(Hullo Corporal Casey) double X or burocracy?
Le Paradis n'est pas artificiel
but spezzato apparently
it exists only in fragments unexpected excellent sausage,
the smell of mint, for example,
Ladro the night cat;
at Nemi waited on the slope above the lake sunken in the pocket
of hills
awaiting decision from the old lunch cabin built out over the
shingle,
Zarathustra, now desuete
to Jupiter and to Hermes where now is the castellaro
no vestige save in the air
in stone is no imprint and the grey walls of no era
under the olives
saeculorum Athenae
γλαύξ, γλαυκῶπις,
olivi
that which gleams and then does not gleam
as the leaf turns in the air
Boreas Apeliota libeccio
" C'è il babao," said the young mother
and the bathers like small birds under hawk's eye

nicht wenn sie beim Ernten sind
E al Triedro, Cunizza
e l'altra: " Io son' la Luna."
die trockene bröcklige Erde wird immer mehr zu Staub
das Gras getrennt von seinen Wurzeln
ist sie schwärzer? war sie schwärzer? die Νύξ animae?
gibt es eine schwärzere oder war es nur San Juan mit Bauchweh
ad posteros schreibend
kurzum sollen wir noch eine tiefere suchen oder ist das die tiefste?
Ugolino, der Turm dort über den Bäumen
Berlin Dysenterie Phosphor
la vieille de Candide
(Hallo Korporal Casey) Betrug oder Bürokratie?
Le Paradis n'est pas artificiel
aber offenbar spezzato
es existiert nur in Fragmenten unerwartet als delikate Wurst,
der Duft der Minze, zum Beispiel,
Ladro die Nachtkatze;
wartend in Nemi auf dem Abhang über dem See in der Mulde
zwischen den Hügeln
wartend auf die Entscheidung aus der alten Imbisshütte, die auf
Kieselsteine gebaut ist,
Zarathustra, jetzt außer Gebrauch
wo jetzt für Jupiter und Hermes das Castellaro ist
keine Spur außer in der Luft
im Stein ist nichts eingeprägt und die grauen Mauern gehören keiner
Ära an
unter den Ölbäumen
saeculorum Athenae
γλαύξ, γλαυκῶπις,
olivi
was da glänzt und dann nicht mehr glänzt
wenn das Blatt sich dreht in der Luft
Boreas Apeliota libeccio
„ C'è il babao, " sagte die junge Mutter
und die Badenden wie vom Habicht belauerte kleine Vögel

shrank back under the cliff's edge at il Pozzetto
al Tigullio
" wd." said the guard " *take* everyone of them g.d.m.f. generals
c.s. all of 'em fascists "
Oedipus, nepotes Remi magnanimi
so Mr Bullington lay on his back like an ape
singing: O sweet and lovely
o Lady be good "
in haram ac ego ivi
Criminals have no intellectual interests?
and for three months did not know the taste of his food
in Chi heard Shun's music
the sharp song with sun under its radiance
λιγύρ'
one tanka entitled the shadow
babao, or the hawk's wing
of no fortune and with a name to come
Is downright iniquity said J. Adams
at 35 instead of 21.65
doubtless conditioned by what his father heard in
Byzantium
doubtless conditioned by the spawn of the gt. Meyer Anselm
That old H. had heard from the ass eared militarist in Byzantium:
" Why stop? " " To begin again when we are stronger."
and young H/ the tip from the augean stables in Paris
with Sieff in attendance, or not
as the case may have been,
thus conditioning.
Meyer Anselm, a rrromance, yes, yes certainly
but more fool you if you fall for it two centuries later
. . .
from their seats the blond bastards, and cast 'em.
the yidd is a stimulant, and the goyim are cattle
in gt/ proportion and go to saleable slaughter
with the maximum of docility. but if

wichen zurück zum Fuß der Klippe in il Pozzetto
al Tigullio
sagte der Wachmann „jeder einzelne dieser verdammten Generäle leckt
den Faschisten i. A."
Oedipus, nepotes Remi magnanimi
lag da Mr Bullington auf dem Rücken wie ein Affe
und sang: O sweet and lovely
o Lady be good"
in haram ac ego ivi
Kriminelle haben keine intellektuellen Interessen?
und drei Monate lang aß er ohne den Geschmack wahrzunehmen
in Chi hörte er Shuns Musik
den klaren Gesang mit dem Sonnenglanz darunter
λιγύρ'
ein Tanka betitelt der Schatten
babao, oder der Habichtsflügel
ohne Glück und mit zukünftigem Namen
Ist total ungerecht sagte J. Adams
[Gold] zu 35 anstatt 21.65
zweifellos bedingt durch das was sein Vater in Byzanz vernommen
hatte
zweifellos bedingt durch die Brut des großen Meyer Amschel
Was der alte H. vom Militaristen mit den Eselsohren in Byzanz
vernommen hatte:
„Warum aufhören?" „Um wieder anzufangen, wenn wir stärker sind."
und der junge H/ mit dem Tipp aus den Augiasställen in Paris
in Anwesenheit von Sieff oder auch nicht
wie es der Fall gewesen sein mag,
demzufolge bedingt.
Meyer Amschel, eine Rrromanze, ja, ja gewiss
doch ein Dummkopf wer zwei Jahrhunderte später noch drauf reinfällt
. . .
jagt sie fort, die blonden Bestien, fort mit ihnen.
der Jude ist ein Reizmittel, und die Gojim sind Rindvieh
größtenteils und lassen sich zum Abschlachten verkaufen
mit einem Maximum an Unterwürfigkeit. aber wenn

a place be *versalzen*,,,?
With justice,
by the law, from the law or it is not in the contract
          Yu has nothing pinned on Jehoveh
                    sent and named Shun who to the
autumnal heavens *sha-o*
with the sun under its melody
    to the compassionate heavens
    and there is also the XIXth Leviticus.
   " Thou shalt purchase the field with money."
        signed Jeremiah
from the tower of Hananel unto Goah
unto the horse gate $8.50 in Anatoth
which is in Benjamin, $8.67
          For the purity of the air on Chocorua
               in a land of maple
    From the law, by the law, so build yr/ temple
    with justice in meteyard and measure
a black delicate hand
a white's hand like a ham
          pass by, seen under the tent-flap
              on sick call : comman'
              comman', sick call comman'
    and the two largest rackets are the alternation
        of the value of money
    (of the unit of money METATHEMENON TE TON
                                                  KRUMENON
and usury @ 60   or lending
          that which is made out of nothing
and the state *can* lend money   as was done
by Athens for the building of the Salamis fleet
    and if the packet gets lost in transit
                    ask Churchill's backers
    where it has got to   the state need not borrow
    nor do veterans need state guarantees
    for private usurious lending

ein Ort *versalzen* ist,,,?
Mit Gerechtigkeit,
nach dem Gesetz, vom Gesetz oder es steht nicht im Vertrag
Yu ist Jehova ebenbürtig
berief und wählte Shun der zu den
herbstlichen Himmeln das *sha-o* sang
mit der Sonne unter seiner Melodie
zu den mitfühlenden Himmeln
und da ist auch das 19. Kapitel im 3. Buch Mose.
„Du sollst den Acker mit Geld kaufen."
unterschrieben von Jeremia
vom Turm Hananel nach Goah
zum Pferde-Tor $8.50 in Anathoth
das in Benjamin liegt, $8.67
Wegen der Reinheit der Luft auf dem Chocorua
in einem Land des Ahorns
Durch das Gesetz, vom Gesetz, so baut euren Tempel
mit richtigem Messstab und richtigen Maßen
eine schwarze delikate Hand
eines Weißen Hand wie ein Schinken
kommen vorbei, gesehen durch die Zeltöffnung
zum Krankenappell: vorwärts
vorwärts, Krankenappell, vorwärts
und die zwei größten Schwindel sind die Auf- und
Abwertung des Geldes
(der Geldeinheit METATHEMENON TE TON
KRUMENON
und der Wucher @ 60 oder Kreditvergabe
von Geld, das aus dem Nichts geschaffen wird
und der Staat *kann* Geld ausleihen wie dies in
Athen geschah für den Bau der Salamis-Flotte
und wenn das Paket unterwegs verloren geht
erkundige dich bei Churchills Geldgebern
wo es hingekommen ist der Staat braucht nicht zu borgen
auch brauchen die Veteranen keine Staatsgarantie
für private Darlehen zu Wucherzinsen

in fact that is the cat in the woodshed
the state need not borrow
as was shown by the mayor of Wörgl
who had a milk route
and whose wife sold shirts and short breeches
and on whose book-shelf was the Life of Henry Ford
and also a copy of the Divina Commedia
and of the *Gedichte* of Heine
a nice little town in the Tyrol in a wide flat-lying valley
near Innsbruck and when a note of the
small town of Wörgl went over
a counter in Innsbruck
and the banker saw it go over
all the slobs in Europe were terrified
" no one " said the *Frau Bürgermeister*
" in this village who cd/ write a newspaper article.
Knew it was money but pretended it was not
in order to be on the safe side of the law."
But in Russia they bungled and did not apparently
grasp the idea of work-certificate
and started the N.E.P. with disaster
and the immolation of men to machinery
and the canal work and gt/ mortality
(which is as may be)
and went in for dumping in order to trouble the waters
in the usurers' hell-a-dice
all of which leads to the death-cells
each in the name of its god
or longevity because as says Aristotle
philosophy is not for the young men
their *Katholou* can not be sufficiently derived from
their *hekasta*
their generalities cannot be born from a sufficient phalanx
of particulars
lord of his work and master of utterance
who turneth his word in its season and shapes it

da ist tatsächlich der Haken an der Sache
der Staat braucht nicht zu borgen
wie der Bürgermeister von Wörgl gezeigt hat
der ein Milchmann war
und dessen Frau Hemden und Kniehosen verkaufte
und auf dessen Bücherregal die Biografie von Henry Ford stand
und auch eine Ausgabe der Göttlichen Komödie
und die *Gedichte* von Heine
eine schmucke Kleinstadt in Tirol in einem weiten flachen Tal
in der Nähe von Innsbruck und als ein Geldschein
der Kleinstadt Wörgl über einen
Bankschalter in Innsbruck ging
und der Bankangestellte ihn herübergehen sah
gerieten alle Schmarotzer in Europa in höchste Angst
„ niemand " sagte die *Frau Bürgermeister*
„ gab es im Dorf, der einen Zeitungsartikel schreiben konnte.
Man wusste dass es Geld war aber man gab vor es sei keins
um nicht mit dem Gesetz in Konflikt zu geraten."
Doch in Russland verpfuschten sie es und verstanden offenbar
das Prinzip der Arbeitsbescheinigung nicht
und begannen die N.Ö.P. mit verheerenden Folgen
und mit der Aufopferung der Menschen als Maschinenfutter
und die Kanalarbeit mit hoher Sterblichkeit
(was wohl so gewesen sein mag)
und gingen über zum Dumping, um Verwirrung zu stiften
im Höll-adies der Wucherer
was alles zu den Todeszellen führt
jeder im Namen seines Gottes
oder ein langes Leben weil wie Aristoteles sagt
die Philosophie nicht für junge Leute ist
ihre *Katholou* sind nicht zur Genüge abgeleitet
von ihren *hekasta*
ihre Verallgemeinerungen können nicht auf einer genügenden Phalanx
von Einzelheiten beruhen
Meister seines Werks und Herr seiner Äußerungen
der sein Wort zur rechten Zeit hervorbringt und formuliert

Yaou chose Shun to longevity
who seized the extremities and the opposites
holding true course between them
shielding men from their errors
cleaving to the good they had found
holding empire as if not in a mortar with it
nor dazzled thereby
wd/ have put the old man, *son père* on his shoulders
and gone off to some barren seacoast
Says the Japanese sentry : Paaak yu djeep over there,
some of the best soldiers we have says the captain
Dai Nippon Banzai from the Philippines
remembering Kagekiyo : " how stiff the shaft of your neck is."
and they went off each his own way
" a better fencer than I was," said Kumasaka, a shade,
" I believe in the resurrection of Italy   quia impossibile est
4 times to the song of Gassir
now in the mind indestructible

. . . .

ΚΟΡΗ, ’ΑΓΛΑΟΣ ’ΑΛΑΟΥ
Glass-eye Wemyss treading water
and addressing the carpenter from the seawaves
because of an unpinned section of taff-rail
we are not so ignorant as you think in the navy
Gesell entered the Lindauer government
which lasted rather less than 5 days
but was acquitted as an innocent stranger
Oh yes, the money is there,
il danaro c'è, said Pellegrini
(very peculiar under the circs)
musketeers rather more than 20 years later
an old man (or oldish) still active
serving small stones from a lath racquet

mit Blick auf Langlebigkeit wählte Yao Shun
der das Äußerste und dessen Gegenteil erfasste
den geraden Kurs dazwischen einhielt
die Menschen vor ihren Irrtümern bewahrte
sie am gefundenen Guten festhalten ließ
das Reich regierte wie wenn er selbst nicht im Mörser gewesen
oder verblendet worden wäre
hätte den Alten, *son père* auf die Schultern genommen
und wäre mit ihm an einen öden Küstenstrich gezogen
Sagt der japanische Wachposten : Stell deinen Jeep dort drüben ab,
gehören zu den besten Soldaten die wir haben sagt der Hauptmann
Dai Nippon Banzai aus den Philippinen
dachte an Kagekiyo : „ Wie steif ist doch dein Nacken.“
und jeder ging seines Weges
„ besser im Fechten als ich “ sagte Kumasaka, ein Schatten,
„ Ich glaube an die Auferstehung von Italien quia impossibile est
4mal zum Lied von Gassir
jetzt im Kopf unzerstörbar
. . . .

ΚΟΡΗ, ’ΑΓΛΑΟΣ ’ΑΛΑΟΥ
Wemyss mit dem Glasauge strampelte im Wasser
und rief dem Schiffszimmermann aus den Meereswellen
wegen eines nicht verschlossenen Teils der Heckbrüstung
so dumm wie Sie meinen sind wir in der Marine auch
wieder nicht
Gesell trat der Landauer-Regierung bei
die eher weniger als 5 Tage dauerte
aber wurde freigesprochen als ein unschuldiger Zugezogener
O ja, das Geld ist vorhanden,
Il danaro c’è, sagte Pellegrini
(sehr seltsam unter den Umständen)
Musketiere eher mehr als 20 Jahre später
ein alter Mann (oder ältlich) noch immer aktiv
kleine Steine aufschlagend mit einer Latte als Schläger

Περσεφόνεια under Taishan
in sight of the tower che pende
on such a litter rode Pontius
under such canvass
in the a.h. of the army
in sight of two red cans labelled " FIRE "
Said Von Tirpitz to his daughter : beware of their charm
ΣΕΙΡΗΝΕΣ this cross turns with the sun
and the goyim are undoubtedly in great numbers cattle
whereas a jew will receive information
he will gather up information
faute de…something more solid
but not in all cases
ΣΕΙΡΗΝΕΣ had appreciated his conversation
ΧΑΡΙΤΕΣ possibly in the soft air
with the mast held by the left hand
in this air as of Kuanon
enigma forgetting the times and seasons
but this air brought her ashore a la marina
with the great shell borne on the seawaves
nautilis biancastra
By no means an orderly Dantescan rising
but as the winds veer
tira libeccio
now Genji at Suma , tira libeccio
as the winds veer and the raft is driven
and the voices , Tiro, Alcmene
with you is Europa nec casta Pasiphaë
Eurus, Apeliota as the winds veer in periplum
Io son la luna " . Cunizza
as the winds veer in periplum
and from under the Rupe Tarpeia
drunk with wine of the Castelli
" in the name of its god " " Spiritus veni "

Περσεφόνεια unter dem Taishan
mit Blick auf den Turm che pende
in so einer Sänfte kam Pontius
unter solcher Leinwand
im Arschloch der Armee
mit Blick auf zwei rote Behälter beschriftet mit „ FEUER “
Sagte von Tirpitz zu seiner Tochter : nimm dich in Acht vor ihrem Charme
ΣΕΙΡΗΝΕΣ dieses Kreuz dreht sich mit der Sonne
und die Gojim sind zweifellos in großer Zahl Rindvieh
während ein Jude sich informiert
er sammelt Informationen
faute de…von etwas Konkreterem
aber nicht in allen Fällen
ΣΕΙΡΗΝΕΣ hatten seine Konversation geschätzt
ΧΑΡΙΤΕΣ vielleicht in der lauen Luft
mit der linken Hand am Mast
in dieser Luft wie die von Kuanon
ein Rätsel worüber man die Zeit und die Jahreszeiten vergisst
doch dieser Wind brachte sie an Land a la marina
getragen von der großen Muschel auf den Meereswellen
nautilis biancastra
In keiner Weise ein wohlgeordneter Aufstieg à la Dante
sondern wie die Winde sich drehen
tira libeccio
jetzt Genji in Suma , tira libeccio
während die Winde sich drehen und das Floß abgetrieben wird
und die Stimmen , Tyro, Alcmene
bei euch ist Europa nec casta Pasiphaë
Eurus, Apeliota während die Winde sich drehen in Periplum
Io son la luna ” . Cunizza
während die Winde sich drehen in Periplum
und von unter dem Rupe Tarpeia
berauscht vom Wein der Castelli
„ im Namen seines Gottes “ „ Spiritus veni “

        adveni / not to a schema
            “ is not for the young ” said Arry, stagirite
    but as grass under Zephyrus
            as the green blade under Apeliota
Time is not, Time is the evil, beloved
Beloved the hours βροδοδάκτυλος
        as against the half-light of the window
        with the sea beyond making horizon
le contre-jour the line of the cameo
profile “ to carve Achaia ”
        a dream passing over the face in the half-light
        Venere, Cytherea “ aut Rhodon ”
        vento ligure, veni
“ beauty is difficult ” sd/ Mr Beardsley
        and sd/ Mr Kettlewell looking up from a
pseudo-Beardsley of his freshman composition
  and speaking to W. Lawrence:
                                Pity you didn't finish the job
while you were at it”
          W.L. having run into the future non-sovereign Edvardus
on a bicycle equally freshman
                    a.d. 1910 or about that
beauty is difficult
in the days of the Berlin to Bagdad project
        and of Tom L's photos of rock temples in Arabia Petra
but he wd/ not talk of
        LL.G. and the frogbassador, he wanted to
      talk modern art (T.L. did)
      but of second rate, not the first rate
      beauty is difficult.
He said I protested too much   he wanted to start a press
and print the greek classics….periplum
          and the very *very* aged Snow created considerable
hilarity quoting φαίνε-τ-τ-τ-τττ-αί μοι
in reply to *l'aer tremare*

adveni / nicht nach einem Schema
„ ist nicht für die Jungen “ sagte Arry von Stagira
doch wie das Gras unter Zephyrus
wie der grüne Halm unter Apeliota
Die Zeit ist nicht, die Zeit ist das Böse, lieb und teuer
Lieb und teuer die Stunden βροδοδάκτυλος
gegen das Halblicht des Fensters
mit dem Meer draußen als Horizont
dem Umriss der Kamee im contre-jour
im Profil „ Achaia zu bilden “
ein Traum zieht über das Gesicht im Halblicht
Venere, Cytherea „ aut Rhodon “
vento ligure, veni
„ Das Schöne ist schwierig “ sagte Mr Beardsley
und Mr Kettlewell sagte aufschauend von einer pseudo-Beardsley
Komposition aus dem ersten Studienjahr
an W. Lawrence gewandt:
Schade dass Sie´s nicht fertig machten
als Sie dran waren “
W. L. hatte mit dem Fahrrad den künftigen Nicht-König
Edvardus angefahren
als beide im ersten Studienjahr waren
a. d. 1910 oder so
das Schöne ist schwierig
in den Tagen des Berlin–Bagdad-Bahn-Projekts
und von Tom L.s Fotos von Felstempeln in Arabia Petra
aber er wollte nicht sprechen über
Lloyd George und den französischen Botschafter, er wollte über
moderne Kunst sprechen (T.L. war das)
doch von der zweitrangigen, nicht der erstrangigen
das Schöne ist schwierig.
Er sagte ich protestiere zu viel er wollte eine Presse gründen
und die griechischen Klassiker drucken....Periplum
und der ur- *ur*-alte Snow sorgte für große
Heiterkeit als er das φαίνε-τ-τ-τ-τττ-αί μοι zitierte
als Antwort auf *l'aer tremare*

beauty is difficult
But on the other hand the President of Magdalen
(rhyming dawdlin') said there were
too many words in " The Hound of Heaven "
a moddddun opohem he had read
and there was no doubt that the dons lived well
in the kawledg
it was if I remember rightly the burn and freeze that the fresh-
men
had failed to follow
or else a mere desire to titter etc.
and it is (in parenthesis) doubtless
easier to teach them to roar like gorillas
than to scan φαίνεταί μοι
inferior gorillas
of course, lacking the wind sack
and although Siki was quite observable
we have not yet calculated the sum   gorilla + bayonet
and there was a good man named Burr
descendant of Aaron during the other war
who was amused by the British
but he didn't last long AND
Corporal Casey tells me that Stalin
le bonhomme Staline
has no sense of humour (dear Koba!)
and old Rhys, Ernest, was a lover of beauty
and when he was still engineer in a coal mine
a man passed him at high speed radiant in the mine gallery
his face shining with ecstasy
" A'hv joost........ Tommy Luff."
and as Luff was twice the fellow's size, Rhys was puzzled
The Muses are daughters of memory
Clio, Terpsichore
and Granville was a lover of beauty
and the three ladies all waited

das Schöne ist schwierig
Doch andererseits sagte der Präsident von Magdalen
(reimt auf dawdlin') , es seien zu
viele Wörter im Gedicht „ The Hound of Heaven "
ein moddärnes Pppoem das er gelesen habe
und zweifelsohne ging es den Dons sehr gut
im Kawletsch
es war, wenn ich mich recht erinnere, der Wechsel von heiß und kalt,
den die Studenten
nicht nachvollziehen konnten
oder einfach das Bedürfnis zu kichern usw.
und es ist (in Klammern gesagt) ohne Zweifel
leichter ihnen beizubringen wie Gorillas zu brüllen
als φαίνεταί μοι zu skandieren
niedrigere Gorillas
natürlich, ohne Windsack
und obschon es bei Siki leicht zu beobachten war
haben wir die Summe Gorilla + Bajonett noch nicht ausgerechnet
und da war ein guter Mensch namens Burr
ein Nachkomme von Aaron während dem andern Krieg
der sich über die Briten lustig machte
aber er tat es nicht lange UND
Korporal Casey sagt mir dass Stalin
le bonhomme Staline
keinen Sinn für Humor habe (der liebe Koba!)
und der alte Rhys, Ernest, war ein Liebhaber des Schönen
und als er noch Ingenieur war in einer Kohlengrube
überholte ihn ein strahlender Mann mit hoher Geschwindigkeit
im Stollen
sein Gesicht ekstatisch strahlend
„ Ich hab eben . . . Tommy Luff."
und weil Luff zweimal so groß war wie der andere, war Rhys verdutzt
Die Musen sind Töchter der Erinnerung
Clio, Terpsichore
und Granville war ein Liebhaber des Schönen
und alle drei Damen warteten

" and with a name to come "
ἐσσομενοισι

aram vult nemus

Came Madame Lucrezia
and on the back of the door in Cesena
are, or were, still the initials
joli quart d'heure, (nella Malatestiana)
Torquato where art thou?
to the click of hooves on the cobbles by Tevere
and " my fondest knight lie dead ".. or la Stuarda
" ghosts move about me "   " patched with histories "
but as Mead said: if they were,
what have they done in the interval,
eh, to arrive by metempsychosis at....?
and there are also the conjectures of the Fortean Society
Beauty is difficult....the plain ground
precedes the colours
and this grass or whatever here under the tentflaps
is, indubitably, bambooiform
representative brush strokes wd/ be similar
....cheek bone, by verbal manifestation,
her eyes as in " La Nascita "
whereas the child's face
is at Capoquadri in the fresco square over the doorway
centre background
the form beached under Helios
funge la purezza,
and that certain images be formed in the mind
to remain there
formato locho
Arachne mi porta fortuna
to remain there, resurgent ΕΙΚΟΝΕΣ
and still in Trastevere
for the deification of emperors

„ und mit zukünftigem Namen “
ἐσσομενοισι

aram vult nemus

Da kam Madame Lucrezia
und auf der Rückseite des Tors in Cesena,
sind, oder waren, immer noch die Initialen
joli quart d'heure, (nella Malatestiana)
Torquato wo bist du?
mit dem Klappern der Hufe auf den Pflastersteinen bei Tevere
und „ mein liebster Ritter war tot “.. oder La Stuarda
„ Geister umschweben mich “ „ gestopft mit Geschichten “
aber wie Mead sagte: wenn es sie gab,
was haben sie dann in der Zwischenzeit gemacht,
ja, durch Metempsychose ankommend in….?
und da sind auch noch die Vermutungen der Fortean Society
das Schöne ist schwierig…. die Grundierung
kommt vor den Farben
und dieses Gras oder was es auch ist unter der Zeltbahn
ist, ohne Zweifel, bambusförmig
abbildende Pinselstriche wären ähnlich
….Backenknochen, in Worte gefasst,
ihre Augen wie in „ La Nascita “
wogegen das Gesicht des Kindes
in Capoquadri in der Freske genau über dem Eingang ist
mitten im Hintergrund
die Form gelandet am Strand unter Helios
funge la purezza,
und dass gewisse Bilder sich im Hirn erzeugen
um dort zu bleiben
formato locho

Arachne mi porta fortuna
um dort zu bleiben, wiedererwachte ΕΙΚΟΝΕΣ
und immer noch in Trastevere
zur Vergötterung von Kaisern

and the medallions
to forge Achaia
and as for playing chequers with black Jim
on a barrel top where now is the Ritz-Carlton
and the voice of Monsieur Fouquet or the Napoleon 3rd
barbiche of Mr Quackenbos, or Quackenbush
as I supposed it,
and Mrs Chittenden's lofty air
and the remains of the old South
tidewashed to Manhattan and brown-stone
or (later) the outer front stair
leading to Mouquin's
or old Train (Francis) on the pavement in his plain wooden chair
or a fellow throwing a knife in the market
past baskets and bushels of peaches
at $1. the bushel
and the cool of the 42nd St. tunnel (periplum)
white-wash and horse cars, the Lexington Avenue cable
refinement, pride of tradition, alabaster
Towers of Pisa
(alabaster, not ivory)
coloured photographs of Europe
carved wood from Venice venetian glass and the samovar
and the fire bucket, 1806 Barre Mass'chusetts
and the Charter Oak in Connecticut
or to begin with Cologne Cathedral
the Thorvaldsen lion and Paolo Uccello
and thence to Al Hambra, the lion court and el
mirador de la reina Lindaraja
orient reaching to Tangier, the cliffs the villa of Perdicaris
Rais Uli, periplum
Mr Joyce also preoccupied with Gibraltar
and the Pillars of Hercules
not with my *patio* and the wisteria and the tennis courts

und die Medaillons
zur Erneuerung von Achaia
und was das Damespiel angeht mit dem schwarzen Jim
auf einem Fassdeckel wo jetzt das Ritz-Carlton steht
und Monsieur Fouquets Stimme oder der Kinnbart à la
Napoléon III. von Mr Quackenbos, oder Quackenbush
wie ich angenommen hatte,
und Mrs Chittendens hochtrabende Art
und die Überreste des alten Südens
angeschwemmt in Manhattan und der braune Sandstein
oder (später) vorn die Außentreppe
hinauf zu Mouquin
oder der alte Train (Francis) auf dem Gehsteig auf seinem einfachen
Holzstuhl
oder ein Kerl der ein Messer in den Markt warf
vorbei an den Körben und den Scheffeln der Pfirsiche
zu einem Dollar der Scheffel
und die Kühle im Tunnel der 42. Straße (Periplum)
weißgetüncht und die Pferdetrams, die Kabelbahn in der Lexington
Avenue
Verfeinerung, Stolz auf die Tradition, Alabaster
Türme von Pisa
(Alabaster, nicht Elfenbein)
kolorierte Fotografien von Europa
Holzschnitzereien aus Venedig, venezianisches Glas und der Samowar
und der Feuerlöscheimer, 1806 Barre Massachusetts
und die Charta-Eiche in Connecticut
oder angefangen mit dem Kölner Dom
dem Löwen von Thorvaldsen und Paolo Uccello
und von dort zur Al Hambra, dem Löwenhof und el
mirador de la reina Lindaraja
der Orient erstreckt sich bis Tangier, die Klippen die Villa von Perdicaris
Rais Uli, Periplum
Mr Joyce ebenfalls versessen auf Gibraltar
und die Herkules-Säulen
nicht mit meinem *Patio* und den Glyzinien und den Tennisplätzen

or the bugs in Mrs Jevons' hotel
or the quality of the beer served to sailors
veder Nap'oiiiii or Pavia the romanesque
being preferable
and by analogy the form of San Zeno the
columns signed by their maker
the fresco in S. Piertro and the Madonna in Ortolo
e " fa di clarita laer tremare "
as in the manuscript of the Capitolare
Trattoria degli Apostoli (dodici)
" Ecco il tè " said the head waiter
in 1912 explaining its mysteries to the piccolo
with a teapot from another hotel
but coffee came to Assisi much later
that is, so one cd/ drink it
when it was lost in Orleans and France semi-ruin'd
thus the coffee-house facts of Vienna
whereas Mr Carver merits mention for the
cultivation of peanuts,
arachidi, and the soja has yet to save Europe
and the wops do not use maple syrup
the useful operations of commerce
stone after stone of beauty cast down
and authenticicities disputed by parasites
(made in Ragusa) and : what art do you handle?
" The best " And the moderns? " Oh, nothing modern
we couldn't sell anything modern."
But *Herr* Bacher's father made madonnas still in the tradition
carved wood as you might have found in any cathedral
and another Bacher still cut intaglios
such as Salustio's in the time of Ixotta,
where the masks come from, in the Tirol,
in the winter season
searching every house to drive out the demons.
Serenely in the crystal jet
as the bright ball that the fountain tosses

oder den Bettwanzen in Mrs Jevons Hotel
oder der Qualität des Biers das die Matrosen serviert bekamen
veder Nap’oiiiii oder Pavia weil das Romanische
vorzuziehen ist
und analog dazu die Form von San Zeno mit
vom Kunsthandwerker signierten Säulen
die Fresken in S. Pietro und die Madonna in Ortolo
e „ fa di clarità l’aer tremare ”
wie in der Capitolare-Handschrift
Trattoria degli Apostoli (dodici)
„ Ecco il tè “ sagte der Ober
1912 und erklärte dem Piccolo das Mysterium
mit einer Teekanne aus einem anderen Hotel
aber Kaffee kam viel später nach Assisi
das heißt der, den man trinken konnte
als er in Orleans verloren ging und Frankreich halb ruiniert war
so die Fakten über die Wiener Cafés
während Mr Carver es verdient erwähnt zu werden wegen
der Kultivierung von Erdnüssen,
Arachidi, und die Sojabohne hat Europa noch zu retten
und die Südländer machen keinen Gebrauch von Ahornsirup
die nützlichen Transaktionen des Handels
Stein um Stein geht das Schöne unter
und Authentisches wird von Parasiten angezweifelt
(hergestellt in Ragusa) und : mit was für Kunst handeln Sie?
„ Der besten “ Und die Modernen? „ Oh, nichts Modernes
wir könnten nichts Modernes verkaufen.“
Aber *Herr* Bachers Vater machte noch traditionelle Madonnas
Holzschnitzerei wie man sie in jeder Kathedrale hätte finden können
und ein anderer Bacher schnitt noch immer Intaglios
wie die von Salustio zurzeit von Ixotta,
wo die Masken herkommen, in Tirol,
in der Winterzeit
wo sie jedes Haus durchsuchen um die Dämonen auszutreiben.
Heiter im kristallenen Strahl
hell wie die Kugel die der Brunnen hochwirft

(Verlaine) as diamond clearness
        How soft the wind under Taishan
                where the sea is remembered
        out of hell, the pit
        out of the dust and glare evil
        Zephyrus / Apeliota
This liquid is certainly a
        property of the mind
nec accident est   but an element
                        in the mind's make-up
est agens and functions   dust to the fountain pan otherwise
        Hast 'ou seen the rose in the steel dust
                        (or swansdown ever?)
so light is the urging, so ordered the dark petals of iron
we who have passed over Lethe.

(Verlaine) wie diamantene Klarheit
Wie sachte der Wind unter Taishan
wo man sich ans Meer erinnert
raus aus der Hölle, dem Abgrund
raus aus dem Staub und dem Brand des Bösen
Zephyrus / Apeliota
Diese Flüssigkeit ist bestimmt eine
Eigenschaft des Gehirns
Nec accidens est   sondern ein Bestandteil
im Aufbau des Gehirns
est agens und funktioniert   sonst nur Sand im Brunnenbecken
Hast du in den Feilspänen die Rose gesehen
(oder je die Daunen eines Schwans?)
so leicht ist der Druck, so geordnet die dunklen Blütenblätter aus Eisen
wir die wir Lethe hinter uns haben.

CANTO LXXXI

Zeus lies in Ceres' bosom
Taishan is attended of loves
                    under Cythera, before sunrise
and he said: " Hay aqui mucho catolicismo—(sounded
                                                catoli*th*ismo)
            y muy poco reliHion "
und he said: " Yo creo que los reyes desaparecen "
(Kings will, I think, disappear)
That was Padre José Elizondo
                        in 1906 and in 1917
or about 1917
            and Dolores said: " Come pan, niño,"   eat bread, me lad
Sargent had painted her
                        before he descended
(i.e. if he descended
            but in those days he did thumb sketches,
impressions of the Velázquez in the Museo del Prado
and books cost a peseta,
                    brass candlesticks in proportion,
hot wind came from the marshes
      and death-chill from the mountains.
And later Bowers wrote: " but such hatred,
      I had never conceived such "
and the London reds wouldn't show up his friends
                    (i.e. friends of Franco
working in London) and in Alcázar
forty years gone, they said: go back to the station to eat
you can sleep here for a peseta "
            goat bells tinkled all night
            and the hostess grinned: Eso es luto, *haw*!
mi marido es muerto
            (it is mourning, my husband is dead)
when she gave me paper to write on
with a black border half an inch or more deep,

CANTO LXXXI

Zeus liegt im Busen der Ceres
Liebende sind zu Besuch auf Taishan
unter Cythera, vor Sonnenaufgang
und er sagte: “ Hay aqui mucho catolicismo—(gesprochen
catoli*th*ismo)
y muy poco reliHion ”
und er sagte: “ Yo creo que los reyes desaparecen ”
(Könige werden, glaube ich, verschwinden)
Das war Padre José Elizondo
1906 und 1917
oder circa 1917
und Dolores sagte: „ Come pan, niño,“ iss Brot, mein Junge
Sargent hatte sie gemalt
bevor er abstieg
(das heißt, falls er abstieg
doch damals machte er kleine Skizzen,
Studien nach den Velázquez im Museo del Prado
und Bücher kosteten eine Peseta,
Kerzenhalter aus Messing dementsprechend,
ein heißer Wind kam aus den Sümpfen
und tödliche Kälte aus den Bergen.
Und Bowers schrieb später: „ aber so einen Hass,
hatte ich nie für möglich gehalten “
und die Roten in London wollten seine Freunde nicht verraten
(das heißt Francos Freunde
die in London operierten) und in Alcázar
vor vierzig Jahren, sagten sie: geht zum Essen zurück zum Bahnhof
schlafen könnt Ihr hier für eine Peseta “
Ziegenglocken bimmelten die ganze Nacht
und die Wirtin lächelte: Eso es luto, *haw!*
mi marido es muerto
(bin in Trauer, mein Mann ist gestorben)
als sie mir Papier zum Schreiben gab
mit einem halb zollbreiten Trauerrand,

say 5/8ths, of the locanda
“ We call *all* foreigners frenchies ”
and the egg broke in Cabranez’ pocket,
thus making history. Basil says
they beat drums for three days
till all the drumheads were busted
(simple village fiesta)
and as for his life in the Canaries…
Possum observed that the local portagoose folk dance
was danced by the same dancers in divers localities
in political welcome…
the technique of demonstration
Cole studied that (not G.D.H., Horace)
“ You will find ” said old André Spire,
that every man on that board (Crédit Agricole)
has a brother-in-law
“ You the one, I the few ”
said John Adams
speaking of fears in the abstract
to his volatile friend Mr Jefferson.
(To break the pentameter, that was the first heave)
or as Jo Bard says: they never speak to each other,
if it is baker and concierge visibly
it is La Rouchefoucauld and de Maintenon audibly.
“ Te cavero le budella ”
“ La corata a te ”
In less than a geological epoch
said Henry Mencken
“ Some cook, some do not cook
some things cannot be altered”
’Ιυγξ. . . . . ’εμὸν ποτί δῶμα τὸν ἄνδρα
What counts is the cultural level,
thank Benin for this table ex packing box
“ doan yu tell no one I made it “
from a mask fine as any in Frankfurt

sagen wir fünf Achtel, von der Locanda
„ Wir heißen *alle* Ausländer Franzosen “
und das Ei zerbrach in Cabranez‘ Hosentasche,
somit Geschichte machend. Basil sagt
sie schlugen die Trommeln drei Tage lang
bis alle Trommelfelle zerfetzt waren
(ein einfaches Dorffest)
und was sein Leben auf den Kanarischen Inseln betrifft...
Possum stellte fest dass der einheimische portugiesische Volkstanz
von den gleichen Tänzern an verschiedenen Orten getanzt wurde
als politischen Gruß...
die Taktik bei Demonstrationen
Cole untersuchte das (not G.D.H., sondern Horace)
„ Sie werden feststellen “ sagte der alte André Spire,
dass jeder in jenem Aufsichtsrat (Crédit Agricole)
einen Schwager hat
„ Sie den Einen, ich die Wenigen “
sagte John Adams
als er auf abstrakte Weise über seine Ängste sprach
zu seinem impulsiven Freund Mr Jefferson.
(Dem Pentameter den Garaus machen, das war der erste Streich)
oder wie Jo Bard sagt: sie reden nie miteinander,
wenn es für die Augen der Bäcker und die Hausmeisterin sind
sind es beim Zuhören La Rochefoucauld und de Maintenon.
„ Te cavero le budella “
„ La corata a te “
In weniger als einem geologischen Zeitalter
sagte Henry Mencken
„ Manche kochen, manche kochen nicht
gewisse Dinge kann man nicht ändern“
Ἰυγξ. . . . . ’εμὸν ποτὶ δῶμα τὸν ἄνδρα
Worauf es ankommt ist das Bildungsniveau,
danke Benin für diesen Tisch aus einer Transportkiste
„ sags niemand dass ich ihn gemacht hab “
von einer Maske herrlich wie irgendeine in Frankfurt

" It'll get you offn th' groun "
Light as the branch of Kuanon
And at first disappointed with shoddy
the bare ram-shackle quais, but then saw the
high buggy wheels
and was reconciled,
George Santayana arriving in the port of Boston
and kept to the end of his life that faint *thethear*
of the Spaniard
as a grace quasi imperceptible
as did Muss the *v* for *u* of Romagna
and said the grief was a full act
repeated for each new condoleress
working up to a climax.
and George Horace said he wd/ " get Beveridge " (Senator)
Beveridge wouldn't talk and he wouldn't write for the papers
but George got him by campin' in his hotel
and assailin' him at lunch breakfast an' dinner
three articles
and my ole man went on hoein' corn
while George was a-tellin' him,
come across a vacant lot
where you'd occasionally see a wild rabbit
or mebbe only a loose one
AOI!
a leaf in the current
at my grates no Althea
libretto Yet
Ere the season died a-cold
Borne upon a zephyr's shoulder
I rose through the aureate sky
Lawes and Jenkyns guard thy rest
Dolmetsch ever be thy guest,
Has he tempered the viol's wood
To enforce both the grave and the acute?
Has he curved us the bowl of the lute?

„ kommst vom Boden weg “
Leicht wie der Zweig von Kuanon
Und zuerst enttäuscht von den schäbigen
kahlen baufälligen Kais, aber dann sah er die
hohen Räder der Kutschen
und war versöhnt,
George Santayana bei der Ankunft im Hafen von Boston
und behielt bis ans Lebensende jenes schwache *thethear*
der Spanier
als fast unbemerkte Verzierung
wie bei Muss das *v* statt *u* der Romagna
und sagte das Trauern sei ein ganzes Ritual
wiederholt für jede neue Frau die zum Kondolieren kommt
bis zur Ekstase.
und George Horace sagte er wolle (Senator) „ Beveridge schnappen “
Beveridge wollte nicht reden und nicht für Zeitungen schreiben
doch George schnappte ihn indem er in seinem Hotel kampierte
und ihm beim Mittagessen Frühstück und Abendessen auflauerte
drei Artikel
und mein Vater fuhr fort den Mais zu hacken
während George ihm berichtete,
hergekommen über unbebautes Land
wo man gelegentlich einen wilden Hasen sah
oder vielleicht nur einen entlaufenen
AOI!
ein Blatt in der Strömung
an meinen Gittern keine Althea
Libretto Doch
Bevor die Jahreszeit an Kälte starb
Getragen auf eines Zephirs Schulter
Stieg ich zum goldnen Himmel auf
Lawes und Jenkyns behüt deine Ruh
Dolmetsch sei immer dein Gast dazu,
Hat er das Holz der Viola behandelt
Zur Verstärkung der tiefen und der hohen Töne?
Hat er für uns die Lautenmuschel gerundet?

Lawes and Jenkyns guard thy rest
Dolmetsch ever be thy guest
Hast 'ou fashioned so airy a mood
To draw up leaf from the root?
Hast 'ou found a cloud so light
As seemed neither mist nor shade?

Then resolve me, tell me aright
If Waller sang or Dowland played.

Your eyen two wol sleye me sodenly
I may the beauté of hem nat susteyne

And for 180 years almost nothing.

Ed ascoltando al leggier mormorio
there came new subtlety of eyes into my tent,
whether of spirit or hypostasis,
but what the blindfold hides
or at carnival
nor any pair showed anger
Saw but the eyes and stance between the eyes,
colour, diastasis,
careless or unaware it had not the
whole tent's room
nor was place for the full Ειδὼς
interpass, penetrate
casting but shade beyond the other lights
sky's clear
night's sea
green of the mountain pool
shone from the unmasked eyes in half-mask's space.
What thou lovest well remains,
the rest is dross

Lawes und Jekyns behüt deine Ruh
Dolmetsch sei immer dein Gast dazu
Hast du eine so luftige Weise geschaffen
Um das Blatt aus der Wurzel zu locken
Hast du gefunden eine Wolke die so leicht war
Dass sie weder Nebel noch Schatten schien?

Dann lös mir das Rätsel und sag's mir gleich
Ob Waller gesungen oder Dowland gespielt.

Deine zwei Augen wollen mich auf einmal töten
Ich halt ihre Schönheit nicht aus

Und während 180 Jahren fast nichts.

Ed ascoltando al leggier mormorio
es kam neue Zartheit der Augen in mein Zelt,
sei's als Geist oder verdinglicht,
aber was die Augenbinde deckt
oder am Karneval
auch war keins der Paare zornerfüllt
Sah nur die Augen und was dazwischen war,
Farbe, Diastase,
acht- oder unbewusst nahm es nicht das
das ganze Zelt ein
auch war nicht Platz fürs ganze Ειδώς
dazwischenkommend, eindringend
nur einen Schatten werfend über die andern Lichter hinaus
des Himmels Klarheit
das nächtliche Meer
das Grün des Bergsees
leuchteten aus den unmaskierten Augen aus der
Halbmaske.

Was du von Herzen liebst bleibt,
das Übrige ist Müll

What thou lov'st well shall not be reft from thee
What thou lov'st well is thy true heritage
Whose world, or mine or theirs
                                                  or is it of none?
First came the seen, then thus the palpable
        Elysium, though it were in the halls of hell,
What thou lovest well is thy is thy true heritage
What thou lov'st well shall not be reft from thee

The ant's a centaur in his dragon world.
Pull down thy vanity, it is not man
Made courage, or made order, or made grace,
        Pull down thy vanity, I say pull down.
Learn of the green world what can be thy place
In scaled invention or true artistry,
Pull down thy vanity,
                                      Paquin pull down!
The green casque has outdone your elegance.

" Master thyself, then others shall the beare "
        Pull down thy vanity
Thou art a beaten dog beneath the hail,
A swollen magpie in a fitful sun,
Half black half white
Nor knowst'ou wing from tail
Pull down thy vanity
                        How mean thy hates
Fostered in falsity,
                        Pull down thy vanity,
Rathe to destroy, niggard in charity,
Pull down thy vanity,
                        I say pull down.

But to have done instead of not doing
                        this is not vanity
To have, with decency, knocked

Was du von Herzen liebst wird dir nicht entrissen
Was du von Herzen liebst ist deine wahre Erbschaft
Wem gehört die Welt, mir oder ihnen
oder niemandem?
Zuerst kam das sichtbare, darauf dann das greifbare
Elysium, obwohl noch im Bereich der Hölle,
Was du von Herzen liebst ist deine wahre Erbschaft
Was du von Herzen liebst wird dir nicht entrissen

Die Ameise ist ein Kentaur in ihrer Drachenwelt.
Reiß dich los von der Eitelkeit, es war nicht der Mensch der
den Mut machte, oder die Ordnung, oder die Anmut,
Reiß dich los von der Eitelkeit, sag ich, reiß dich los.
Lerne von der grünen Welt wo du hingehörst
Im maßvollen Erfinden oder in der wahren Kunst,
Reiß dich los von der Eitelkeit,
Paquin, reiß dich los!
Der grüne Helm hat deine Eleganz übertroffen.

„Nimm dich zusammen, dann werden andere dich ertragen"
Reiß dich los von der Eitelkeit
Du bist ein verprügelter Hund im Hagelwetter,
Eine aufgedunsene Elster in stechender Sonne,
Halb schwarz halb weiß
Kannst Flügel und Schwanz nicht unterscheiden
Reiß dich los von der Eitelkeit
Wie gemein dein Hass
Geschürt von Falschheit,
Reiß dich los von der Eitelkeit,
Allzeit zum Zerstören bereit, ein Geizhals im Geben,
Reiß dich los von der Eitelkeit,
Sag ich reiß dich los.

Doch etwas getan haben statt nichts zu tun
das ist nicht Eitelkeit
Mit Anstand an die Tür geklopft zu haben

That a Blunt should open
                    To have gathered from the air a live tradition
or from a fine old eye the unconquered flame
This is not vanity.
      Here error is all in the not done,
all in the diffidence that faltered . . .

Dass ein Blunt sie öffne
                    Eingefangen haben aus der Luft eine lebendige Tradition
oder von einem edlen alten Auge das unbesiegte Feuer
Das ist nicht Eitelkeit.
    Hier liegt der Fehler beim Nicht-getan-haben
ganz bei der Zaghaftigkeit die nichts vollbrachte . . .

Nachwort*

Ezra Loomis Pound wurde am 30. Oktober 1885 in Hailey geboren, im damals noch nicht als Bundesstaat in die USA aufgenommenen Territorium von Idaho. Da die Familie schon 1887 den Wohnsitz in Hailey aufgab, kannte Ezra Pound den Wilden Westen, den gewisse Literaturkritiker in ihm verkörpert sahen, nur vom Hörensagen. Aufgewachsen ist er in Wyncote, einem Vorort von Philadelphia. In Canto LXXIV erinnert er sich jedoch vielmehr an Aufenthalte in New York und an seine Europareisen von 1898, 1902 und 1906. In seiner Londoner Zeit (1908–1920) hätte er zum Literaturpapst aufsteigen können, wenn er es nicht, wie sein Freund, der Mitbegründer des Imagismus, Richard Aldington, meinte, mit dummen Streichen und schlechten Manieren verspielt hätte. Dank der Förderung durch Alfred Richard Orage, den Herausgeber des *New Age,* wurde Pound neben seiner Tätigkeit als Literaturkritiker auch Kunst- und Musikkritiker. Durch Orage lernte Pound auch Major Clifford Hugh Douglas kennen. Dessen Wirtschaftsplan *Social Credit* beeindruckte ihn so sehr, dass Pound sich ebenfalls der Wirtschaftstheorie zuwandte. In seinem epischem Gedicht, den *Cantos*, ist der Kampf gegen den Wucher ein Hauptthema. In den Dreißigerjahren unterhielt Pound einen regen Briefwechsel mit anderen Wirtschaftsreformern, und nach seiner Audienz bei Benito Mussolini im Januar 1933 glaubte er, dass der Duce seinen wirtschaftlichen Vorschlägen Gehör geschenkt habe.

Man darf betonen, dass Ezra Pound nicht der einzige nichtitalienische Mussolini-Verehrer war und dass er nie Mitglied der faschistischen Partei wurde. Mit seiner Reise in die USA 1939 und mit seinen Ansprachen im italienischen Rundfunk in den Vierzigerjahren wollte er die Amerikaner über seine Erkenntnisse zur wahren Ursache der Kriege informieren. Bedauerlicherweise bediente sich Pound dabei des Antisemitismus. Schon 1943 gab es eine Anklageschrift gegen ihn aufgrund seiner Radioansprachen. Diese wies er in einem Brief an den zuständigen Richter zurück

* Die hochgestellten Ziffern verweisen auf den entsprechenden Canto (LXXIV oder LXXXI) und auf die Versnummerierung, die sowohl für den englischen als auch für den deutschen Text gilt.

– mit der Begründung, er habe lediglich sein Recht auf freie Meinungsäußerung[LXXIV/42] wahrgenommen.

Am 7. Dezember 1936 schrieb Ezra Pound an seinen ehemaligen Englischprofessor Joseph Darling Ibbotson am Hamilton College, dem er bereits 1904 oder 1905 als Student von seinem Plan, ein Epos zu schreiben, erzählt hatte:

> „Was die Poesie betrifft: Es gibt sie erst, wenn sie erlebt wird. Das Beste davon muss aus dem Dichter herausgerissen werden, wenn er am Ende seiner Kräfte ist."

Tatsächlich bestätigte sich diese Ansicht in seinem eigenen Fall, als man ihn neun Jahre später, 1945, im Zuge einer Anklage wegen Hochverrats vor der Übergabe an die US-amerikanische Justiz zeitweise in einem Militärstraflager bei Pisa etwa drei Wochen lang in einen Drahtkäfig steckte, wo er physisch und psychisch dem Zusammenbruch nahe war. Zum Glück hatten die Lagerärzte ein Einsehen und veranlassten, dass er aus der „death cell", wie Pound seinen Käfig nannte, in ein pyramidenförmiges Offizierszelt im Sanitätsbereich verlegt wurde. Es gibt einige Berichte, aus denen hervorgeht, wie neugierig die Wachmannschaft und die Gefangenen, die sogenannten Trainees, auf den ungewöhnlichen Mithäftling waren. Mit fast 60 Jahren war er zudem älter als alle anderen, sodass man von ihm als „Onkel Ezra" gesprochen hat.

Man muss wissen, dass die Mehrheit der Lagerinsassen Schwarze waren. Pounds Sympathie für die Afroamerikaner im Pisaner Lager mag von seiner Vertrautheit mit dem Werk des Afrikaforschers und Kulturphilosophen Leo Frobenius (1873–1938) herrühren. So erinnert ihn Mr. Edwards[LXXXI/317], der Schwarze, der ihm heimlich aus einer Transportkiste einen Schreibtisch gezimmert hatte, an die Baluba-Masken, die er aus dem Frobenius-Institut in Frankfurt am Main kannte. Pound stellte sich sogar vor, selbst auf einem Sklavenschiff zu sein und unter Sklaven lernen zu müssen, Sklave zu sein. Ähnlich ist Pounds Vorstellung zu sehen, dass er in ein Schwein der Circe verwandelt worden und nicht mehr der privilegierte listenreiche Odysseus sei, der mit dem Namen OÝ TIΣ[LXXIV/23], „Niemand", den Zyklopen Polyphemos ausgetrickst hatte. Zu dieser Zeit identifizierte er sich nur noch mit Elpenor, dem glücklosen

Gefährten des Odysseus, der beim Sturz von Circes Dach den Tod gefunden hatte.

Um zu zeigen, dass es auch ohne Wucher geht, verweist Pound in Canto LXXIV dreimal auf den Bau der Salamis-Flotte[LXXIV/236], deren Finanzierung direkt vom Staat Athen an die Schiffbauer erfolgte. Weit ausführlicher behandelt Pound das Experiment von Wörgl[LXXIV/552] (31. Juli 1932 bis 1. September 1933), bei dem es gelang, mit lokalem Schwundgeld das Wirtschaftsleben wieder in Gang zu bringen. Als die Banken darauf aufmerksam wurden, wurde dieses Vorgehen jedoch als gesetzwidrig verurteilt und verboten.

Die Vorstellung, in Circes Saustall zu sein, wurde jedoch verdrängt von Pounds trotz allem sehr offenen Blick für seine Umgebung: für das Gras, die Grashalme, die Kräuter und deren Duft, die Eidechsen, die Ameisen, die Vögel und anderes in der Natur. Die höchste Erhebung, die er ausmachen konnte, nannte er Taishan[LXXIV/78], nach dem heiligen Berg in China. Obschon er das vierzehnstündige Strafexerzieren der Trainees und den sonstigen Lagerbetrieb vor Augen und im Ohr hatte, gelang es Pound, sich an das zu klammern, was ihm paradiesisch vorkam: die Schmetterlinge, die Minze und Lesbias Spatzen – kein künstliches, sondern ein sehr natürliches Paradies[LXXIV/457], allerdings nur in Bruchstücken. Als Pound in Washington gerichtlich für unzurechnungsfähig erklärt und ins St. Elizabeths Hospital für kriminelle Geisteskranke eingewiesen worden war, schrieb er an seine Frau: „I long for Pisan paradise." (Ich sehne mich nach dem Pisaner Paradies.)

Der größte Teil der Pisaner Gesänge besteht jedoch aus Pounds Erinnerungen. Die älteste ist wohl jene an den Journalisten und Nachbarn George Horace Lorimer[LXXXI/84–93], der, während sein Vater im Garten den Mais hackte, von seiner List erzählte, mit der er dem Senator Albert Jeremiah Beverage drei Artikel entlocken konnte. Chronologisch sind die nächsten Erinnerungen jene an Pounds Aufenthalte in Manhattan[LXXIV/759–788], wo seine Großtante, Aunt Frank, ein Hotel führte, zu einer Zeit, als es noch Pferdestraßenbahnen gab und eine Kabelbahn in der Lexington Avenue. Die zwei *Grand Tours* nach Europa, die 1898 und 1902 unter der Regie von Aunt Frank standfanden, spiegeln sich in Pounds Erinnerungen einerseits in den aus Europa mitgebrachten Souvenirs, zum Beispiel in den handkolorierten Ansichtskarten, anderseits in den in seinem tiefsten Inneren noch ganz lebendigen Anblicken, zum Beispiel des Kölner Doms und von Thorvaldsens Löwen in Luzern. In Spanien ist es die Alhambra, die Pound unvergesslich geblieben ist. In Canto LXXXI denkt er an seinen Studienaufenthalt in Spanien im Sommer 1906 zurück und erinnert noch wortwörtlich, was ihm der hilfsbereite Padre Elizondo damals sagte. Auch hat er das Schreibpapier mit dem dicken Trauerrand nicht vergessen, das ihm in Alcazar die verwitwete Wirtin gab.[LXXXI/26–38] Ebenfalls unvergessen ist das Ei, das in der Hosentasche von Cabranez, seinem spanischen Freund, zerbrach und (jedenfalls für Pound) Geschichte machte. In Canto LXXXI ist auch die Rede vom Hass unter den Spaniern während des Bürgerkriegs und George Santayana (1863–1952), dem amerikanischen Philosophen mit spanischen Wurzeln.[LXXXI/72–79] Am liebsten hätte Pound jedoch das Frankreich der Troubadoure nochmals besucht.

In Canto LXXIV erinnert sich Pound in drei Dutzend Verszeilen an seine Einladung zu einem Vortrag in Oxford über Guido Cavalcanti[LXXIV/667]. Davon sind in den Faber-Ausgaben acht Zeilen ausgelassen worden, in denen steht, dass es schade sei, dass der Fahrradzusammenstoß mit dem „Nichtkönig“ Edward VIII. nicht tödlich verlaufen sei. Von der Erneuerung der englischsprachigen Lyrik im Imagismus wird in diesen zwei Cantos allein der erste Streich genannt: der Bruch mit dem jambischen Pentameter. Mit „sind der Erde übergeben“[LXXIV/267] beginnt und schließt Pound das Gedenken an seine verstorbenen Dichterkollegen, unter denen er James Joyce als singenden Komödianten erinnert.

Das Thema des Wiederaufbaus der idealen Stadt wird schon in Vers 11 von Canto LXXIV aufgegriffen: Deiokes' Stadt[LXXIV/11] ist das sowohl in der Bibel wie auch bei Herodot erwähnte Ekbatana, das schon in den Cantos IV und V vorkommt. Es ist jedoch die von Frobenius aufgeschriebene afrikanische Sage von Wagadu[LXXIV/93], durch die Pound den Willen zum Wiederaufbau ausdrückt. Die Stadt Wagadu wurde viermal zerstört, einmal durch Eitelkeit, einmal durch Falschheit, einmal durch Gier und einmal durch Streit. Sie wurde aber immer wieder aufgebaut, und schließlich im Kopf der Menschen unzerstörbar.

Pound war der Meinung, dass schon ein Tag genüge, um den Schlüssel zum idealen Leben in der Hand zu halten – und zwar nach der Lektüre der Schriften von Konfuzius, deren Übersetzung ins Englische er neben dem Schreiben der Cantos in Pisa fortführte. In Canto LXXIV ist vor allem die Rede von den legendären Kaisern. In Yao ist für Pound sogar der Paraklet aktiv, also der Helfer oder Tröster, der aus dem Johannesevangelium bekannt ist. Manes[LXXIV/3], der Gründer des Manichäismus, behauptete sogar, dass er der Paraklet sei, weshalb er lebendig gehäutet und ausgestopft wurde. Im Zentrum von Manes' Lehre steht der Streit zwischen Licht und Finsternis, der, zusammen mit strenger Askese, auch in anderen Glaubensformen bekannt ist – im Zeitalter der Troubadoure etwa bei den Albigensern oder Katharern, gegen die das Papsttum blutige Kreuzzüge führte.

Auch der irische Philosoph John Scotus Erigena[LXXIV/139] wurde des Manichäismus bezichtigt, weshalb sein Grab geöffnet wurde. Für Pound ist Erigena *der* „Lichtphilosoph" schlechthin. Aus Erigenas Frage „Quomodo omnia, quae sunt, lumina sunt?" (Wie kann man sagen, dass alles, was ist, Lichter sind?), machte Pound für sich das Axiom „Alle Dinge, die sind, sind Lichter".

Von den zwei chinesischen Schriftzeichen in Canto LXXIV bezieht Pound, in seiner fragwürdigen bildlichen Interpretation, das zweite auf Elpenor: unten er, der Mann, über ihm die Sonne im Untergehen. Mit dem ersten meint Pound das „ungebrochene Licht", das er sowohl im konfuzianischen China als auch in Erigenas Weltbild wirksam sah. Was die Finsternis betrifft, so spricht Pound von der „magna NOX animae", der großen Nacht der Seele, also von der dunklen Nacht des Johannes vom Kreuz. Er wirft San Juan jedoch spöttisch vor, er habe der Nachwelt von einer noch schwärzeren Nacht erzählt, nur weil er Bauchweh gehabt habe.

In den in Canto LXXXI als LIBRETTO[LXXXI/97-113] betitelten Versen setzt Ezra Pound den englischen Musikern um 1600, die er als Musikkritiker des *New Age* vor allem in der Londoner Wigmore Hall gehört hatte, ein Denkmal: Henry Lawes (1596–1662), John Jenkins (1592–1678) und John Dowland (1563–1626). Besonders hervorgehoben ist jedoch Arnold Dolmetsch (1858–1940), der Erneuerer alter Musik auf nachgebauten alten Instrumenten.

Die beiden Verse, in denen die Schönheit der Augen[LXXXI/114-115] nicht auszuhalten ist, werden Geoffrey Chaucer (1343–1400) zugeschrieben. Solche Poesie, so Pound, gebe es erst wieder 180 Jahre später, wohl zum

Beispiel bei Shakespeare. In den folgenden Zeilen bleibt Pound weiter bei den Augen. Er spürt in ihnen neue Zartheit.[LXXXI/118-133] Keines der Paare grollt ihm. Im Zelt reicht der Platz nicht aus. In den unmaskierten Augen spiegeln sich der Himmel, das nächtliche Meer und der grüne Bergsee.

Und nun folgt, was in den meisten einschlägigen Anthologien abgedruckt ist: Pounds Überzeugung, dass nur das bleibt, was man von Herzen liebt[LXXXI/134-174] und sein Rat, von der grünen Welt zu lernen, wo der Mensch hingehört. Obwohl das Wort „vanity“ bei Pound ganz und gar nichts mit der Bedeutung zu tun hat, in der es in der *King James Bible* im Buch des Predigers gebraucht wird, als *nichts und wieder nichts,* wird fälschlicherweise immer wieder auf den biblischen Ursprung von Pounds „vanity“ hingewiesen. Jedenfalls ist das entsprechende deutsche Wort die „Eitelkeit“. Wessen Eitelkeit er jedoch gemeint hat, ist und bleibt eine Streitfrage. Es ist auch seltsam, dass der Vater des Modernismus in seinem berühmtesten Canto – wie auch im Cavalcanti Canto und im Usura Canto (XXXVI und XLV) – nicht ohne die veralteten Pronomen *thou* and *thy* auskommt. Verspricht sich der Dichter durch sie eine größere Wirkung seiner Aufforderungen zur Bescheidenheit („Reiß dich los von der Eitelkeit“)? Dass sie auch an ihn selbst gerichtet sind, hat Pound offenbar verneint. Auch ist es schwer zu glauben, dass er seine Ratschläge für ein naturgemäßeres Leben nur an die amerikanischen „Eroberer“ (captors) richten wollte, und nicht an den Menschen ganz allgemein. Dass es für Pound jedoch Taten gibt, die frei von Eitelkeit sind und auf die man stolz sein darf, zeigt er am Beispiel seiner Entdeckung einer lebendigen Tradition bei dem Dichter und Anti-Imperialisten Wilfrid Scawen Blunt (1840–1922).

Anmerkungen

Auf bereits im Nachwort gegebene Erklärungen wird unter der Versnummer mit „s. N" (siehe Nachwort) verwiesen.

CANTO LXXIV

1 **Die ungeheure Tragödie**: Der schöne Traum vom eigenen Grund und Boden, den Mussolini im Kopf des geplagten Bauern genährt hatte, nimmt ein tragisches Ende.

3 **Manes**: s. N.

4–6 **Desgleichen Ben und Clara**: Die Leichen von Benito Mussolini und Claretta Petacci wurden am 29. April 1945, dem Tag nach ihrer Erschießung durch Partisanen, am Piazzale Loreto in Mailand an den Fersen aufgehängt und dem Zorn des Volks überlassen.

7–8 **DIGONOS, Δίγονος**: der zweimal geborene Dionysos. Mit dem Zweimalgekreuzigten könnte Pound Mussolini gemeint haben.

9–10 **aber sagt es dem Possum**: T.S. Eliot, dem Pound den Spitznamen Possum gab, habe sich geirrt, meint Pound; denn die Welt gehe nicht mit einem Säuseln unter, wie Eliot im Gedicht „The Hollow Men" schrieb, sondern mit einem Knall.

11 **Deiokes' Stadt**: s. N.

12 **Die sanften Augen**: Sowohl in Canto LXXIV wie auch in Canto LXXXI ist immer wieder von Augen die Rede, meist von gütigen.

13 **Regen gehört auch zum Ganzen**: Pounds Wort „process" steht für Tao, den Lauf der Welt. Um falsche Assoziationen auszuschließen, wird hier auf „das Ganze" ausgewichen.

19 **der große Periplus**: gr. περίπλους Umschiffung. Bei Pound immer „peripl*um*". In den sechs weiteren Fällen in diesem Canto bedeutet das Wort ein Vorüberziehen oder Weitergehen.

20 **Du bist der, der über die Herkulessäulen**: Über die Meerenge von Gibraltar hinaus fährt in Dantes *Hölle* 26. 90–142: der rastlose, wissenshungrige Mensch.

23 **OÝ TIΣ**: Οὖτις, gr. Niemand. s. N.

26 **sorella la luna:** Schwester und Frau Luna (deutsch *der* Mond).

29 **Sigismundo:** Sigismundo Malatesta (1417–1468), der von Pound bewunderte Condottiere. Seine Förderung der Künste hatte für Pound Vorbildcharakter.

34 **auch nicht Charlie Sungs Geld**: Der in den USA ausgebildete Tzu-wen Sung wurde 1945 zum Finanzminister der Republik China ernannt.

42 **Redefreiheit:** s. N.

60 **und Rouse**: W.H.D. Rouse (1863–1950), dessen Prosaübersetzung der *Odyssee* Pound förderte.

76 **in principio**: In der *Vulgata* der Anfang des Johannesevangeliums: Am Anfang war das Wort.

78 **Taishan**: s. N.

84 **poluphloisboios:** abgeleitet von Homers formelhaftem Beiwort für das Meeresrauschen: πολύφλοισβος.

89–92 **„Cosa deve ... ginnocchion“:** Was muss weitergehen? Wenn ich falle, mache ich keinen Kniefall. Bianca Capello war Francesco de'Medicis Mätresse und spätere Ehefrau.

93 **Gasirs Laute**: s. N.

96–7 **unter les six potence ... absoudre**: Aus der Ballade der Gehängten von François Villon (1431–ca. 1465): „die sechs Galgen ... [wolle Gott uns] vergeben“.

108–110 **el triste pensier ... rivolge**: Der traurige Gedanke wendet sich nach Ussel, einer Stadt in Südfrankreich. Die Zeit kehrt zurück.

131 **Kuanon**: Die chinesische Göttin der Barmherzigkeit.

132 **Linus, Cletus, Clement**: aus der Liste der Heiligen in der Messe. Sie waren die ersten Bischöfe von Rom.

139 **Erigena**: s. N.

155 **König Carolus**: Karl der Kahle (823–877). Erigena war sein Hofdichter.

163 **Tempus tacendi, tempus loquendi**: aus der *Vulgata:* Zeit zu schweigen, Zeit zu reden.

180 **Hagoromo**: Nymphe mit dem Federmantel im japanischen Noh-Spiel.

208 **ch'intenerisce**: das weich macht [das Herz vor der Heimkehr] Dante, *Läuterungsb*erg 8.2.

210 ***Che sublia es laissa cader***: die vergisst und sich fallen lässt, Provenzalisch von Bernart de Ventadorn, auf eine Lerche bezogen.

212 **NEKUIA**: im 11. Buch der *Odyssee* die Fahrt ins Totenreich zu Teiresias.

220 **Vae soli:** Aus der *Vulgata*, Ecclesiastes 4.10: vae soli quia cum ruerit non habet sublevantem (… weh dem, der allein ist und fällt, und keiner ist da, der ihm aufhelfen kann.)

224 **'ΗΔΙΟΝ ΠΕΡΙ 'ΗΔΙΟΝ**: die Sonne um die Sonne herum.

230–35 **Bunting**: Basil Bunting (1900–1985), ein Jünger und Freund Pounds. Als Dienstverweigerer bekam er sechs Monate Gefängnis. Der Titel seines ersten Gedichtbandes, *Redimiculum Matellarum,* lautet auf Deutsch „Eine Sammlung von Nachttöpfen".

236 **dennoch kann der Staat Geld ausleihen**: s. N.

245 **Est consummatum, Ite:** Ende der lateinischen Messe.

267 **Edle Männer sind der Erde übergeben**: s. N.

286–87 **Sirdar … Voisin**: Eine Aufzählung von Tanzlokalen und Restaurants in Paris und London.

294 **und ihre ganze Generation**: Aus dem Refrain eines Gedichts von Ford Madox Ford („The Three-Ten").

296 **Huddy**: William Henry Hudson (1841–1922), aufgewachsen in Südamerika, lebte er von 1974 an in London. Autor vieler Romane und naturkundlicher Sachbücher in bewundertem Stil.

301 **Mr. Adams**: Henry Brooks Adams (1838–1918), Verfasser von *The Education of Henry Adams.* Er war Geschichtsprofessor in Harvard.

308 **Amber Rives**: Amélie Rives Troubetzkoy (1863–1945), amerikanische Schriftstellerin. Von ihrem Tod las Pound im *Time*-Magazin vom 25. Juni 1945, das, wie ein paar andere Zeitschriften und Bücher, im Straflager zirkulierte. Er spielte in London Tennis mit ihr.

313 **Lilibullero**: Erkennungsmelodie des BBC World Service seit dem 2. Weltkrieg.

317 **Mr. Edwards**: s. N.

341 **wie sie bei Terracina aus dem Meer stieg**: Pound wünschte, dass der Marmorschrein der Aphrodite auf den Klippen von Terracina wiederhergestellt werde.

352 **χθόνια γέα, Μήτηρ**: Unterwelt, Mutter.

361 **in coitu inluminatio**: im Beischlaf die Erleuchtung.

372 **staria senza più scosse**: [meine Flamme] würde sich nicht mehr rühren. Dante, *Hölle* 27.63.

373 **und der Eukalyptus ist ein Andenken**: Als Pound 1945 von Partisanen abgeführt wurde, las er als Andenken eine Eukalyptus-Samenkapsel auf.

385 **der im Baluba das Gewitter gemacht hat**: Das ist die deutsche Übersetzung der Trommelsignale der Einheimischen zurück ins Dorf, wo Frobenius sein Notizbuch vergessen hatte. Da sie glaubten, dass er ihnen den Regen brachte, identifizierten sie Frobenius entsprechend: Für die Einheimischen war er der Regenmacher.

386–7 **und Monsieur Jean … oder der Possum**: Cocteau und Eliot als Stückeschreiber.

388 **pouvrette et ancienne oncques lettre ne lus**: „arm und alt … las nie einen Brief". Aus Villons Marien-Ballade.

393 **magna NOX animae**: s. N.

395 **comes miseriae**: Leidensgenosse. Pound stellt fest, dass manche der Afroamerikaner im Lager die Familiennahmen früherer US-Präsidenten tragen.

403 **ac ego in haram**: und ich im Saustall.

405 **ivi in haram ego ac vidi cadaveres animae**: Ich ging in den Saustall und sah die Leichen der Seelen.

411 **THELGEIN:** verzaubern.

414 **nec benecomata Kirkè, mah! κακά φάρμακ ἔδοκεν**: noch die schönhaarige Circe … gab ihnen starke Drogen.

419 **zur Esse in Predappio:** die Schmiede von Mussolinis Vater.

419–25 **sagte der alte Upward … und erschoss sich**: Allen Upward (1863–1926), verkannter Mythenforscher, Verfasser von *The Divine Mystery* (1913). Pound verarbeitet hier Upwards Gedicht über seine Versuche, am Niger und an der Themse der Lage Herr zu werden. Upward beging Selbstmord.

445 **E al Triedro, Cunizza / e l'altra: "Io son' la Luna.":** Und am Wegdreieck, Cunizza und die andere: Ich bin Luna (Mond). Cunizza da Romano (1198–1279), steht wie Kuanon für Barmherzigkeit.

462–65 **at Nemi … built out over the / shingle**: Der amtierende Priester am Nemi-See in den Albaner Bergen musste jederzeit damit rechnen, von seinem Nachfolger erstochen zu werden. Bekannt gemacht hat dies J.G. Frazer im **Golden Bough**. Gemalt wurde die Gegend mehrmals von William Turner.

457 **Le Paradis n’est pas artificiel**: Im Gegensatz zu Baudelaires *Les Paradis artificiels*, ist Pounds Paradies ein natürliches. s. N.
471 [**in saecula**] **saeculorum Athenae**: Pound verwendet hier das christliche „in Ewigkeit“ für die heidnische Athena.
472 **γλαύξ, γλαυκώπις**: kleine Eule mit leuchtenden Augen.
476 **Boreas Apeliota libeccio**: Nord-, Ost-, Südwind.
477 **C’è il babao**: Da ist der Kinderschreck.
479–480 **il Pozzetto / al Tigullio**: Strand bei Rapallo.
500 **Meyer Amschel**: Mayer Amschel Rothschild (1744–1812). Deutscher Kaufmann und Bankier, Gründer des Hauses Rothschild.
511 **Gojim**: die Nichtjuden.
528 **Chocorua**: Berg in New Hampshire (1.060 m).
539–40 **METATHEMENON TE TON KRUMENON**: Aristoteles-Zitat: Wenn die Nutzer einer Währung diese für eine andere aufgeben.
552 **Wörgl**: s. N.
570 **N.Ö.P.**: Lenins Neue Ökonomische Politik.
580 **kathalou**: Verallgemeinerungen.
581 **hekasta**: Einzelheiten.
597 **Dai Nippon Banzai**: Das große Japan lebe hoch!
598 **Kagekiyo**: Noh-Spiel.
599 **Kumasaka**: ein Schatten in diesem Noh-Spiel.
605 **ΚΟΡΗ ’ΑΓΛΑΟΣ ’ΑΛΑΟΥ**: Tochter, Trost des blinden Greises.
610 **Gesell**: Silvio Gesell (1862–1933), der Freigeld- und Schwundgeldtheoretiker, war Finanzminister in der kurzlebigen Münchner Räterepublik.
617 **ein alter Mann (oder ältlich) … Latte als Schläger:** Pound über sich und sein Fitnesstraining.
619 **Περσεφόνεια:** Persephone, Göttin der Unterwelt.
620 **the tower che pende**: der Schiefe Turm von Pisa.
625 **von Tirpitz**: Alfred von Tirpitz (1849–1930), deutscher Admiral. Er warnte seine Tochter vor den Engländern.
626 **ΣΕΙΡΗΝΕΣ**: die Sirenen.
633 **ΧΑΡΙΤΕΣ:** die Grazien.
639 **nautilo biancastro**: die weiße Muschel, wie in Botticellis Geburt der Venus.
642 **tira libeccio**: Der Südwestwind weht.

Drei weitere Winde: **Eurus** (Südost), **Apeliota** (Ost), **Zephyrus** (West).

643 **now Genji at Suma:** Pound denkt an die blaugrauen Wellen in Suma, wo Genji, die Hauptfigur des japanischen Romans, im Exil ist.

658 **βροδοδάκτυλος:** Homers Morgenröte, die rosenfingrige Eos.

662 **Achaia**: Gemeint ist das alte Griechenland.

666 **„Das Schöne ist schwierig" sagte Mr Beardsley**: Aubrey Beardsley (1872–1898), der frühverstorbene Illustrator und Zeichner. Pound gibt wieder, was Beardsley zu William B. Yeats auf die Frage geantwortet hat, weshalb er Horrors zeichne und nicht das Schöne. Seine Antwort: „Beauty is difficult." Fürs Schöne hatte er die Zeit nicht mehr.

667–701 **und Mr Kettlewell … nicht ausgerechnet**: s. N.

686 **φαίνε-τ-τ-τ-ττ-αί μοι** [φαίνεταί μοι]: Anfang eines Sappho-Gedichts: Mich bedünkt [es gleiche den Göttern jener] (Emil Staiger).

687 ***l'aer tremare***: aus Sonett 7 von Guido Cavalcanti: lässt die Luft erzittern.

702–04 **niedrigere Gorillas … ohne Windsack:** Aus Remy de Gourmonts Buch *Physique de l'amour*, das er übersetzte, wusste Pound, dass Gorillas am Kehlkopf Luftsäcke haben, durch die sie ihr Gekreisch länger und stärker erschallen lassen können.

704 **Siki**: Louis Mbarick Fall (1897–1925), genannt "Battling Siki", war ein franko-senegalesischer Boxer (leichtes Schwergewicht). Pound sah ihn 1922 in Paris im Ring, zusammen mit Hemingway. Für kurze Zeit war Siki Weltmeister. 1925 wurde er in den USA ermordet.

713 **der alte Rhys**: Ernest Percival Rhys (1852–1946), gründete den Rhymers' Club und Everyman's Library. 1910 brachte er Pounds erstes Prosabuch, *The Spirit of Romance*, heraus.

724 **ἐσσομένοισι**: für die Künftigen.

725 **aram vult nemus**: Der Hain verlangt einen Altar.

730 **Torquato**: Manlio Torquato Dazzi (1891–1968), Kurator der Biblioteca Malatestiana.

734 **Mead:** George Robert Stow Mead (1863–1933), gab die Zeitschrift *The Quest* heraus (1909–1930). Historiker und Spiritist, mit Humor, fand Pound.

744 **„La Nascita":** Die Geburt der Venus von Sandro Botticelli.

749 **funge la purezza**: Die Reinheit lebt.

753 **Arachne mi porta fortuna**: Die Spinne bringt mir Glück.

754 **EIKONEΣ**: Bilder.

759–788 **und das Damespiel … Periplum**: s. N.

789 **Mr. Joyce ebenfalls versessen auf Gibraltar**: Molly, Blooms Frau in *Ulysses*, wuchs zum Teil in Gibraltar auf, weil ihr Vater dort als Offizier stationiert war.

799 **e „fa di clarità l'aer tremare"**: und lässt die klare Luft erzittern (Zitat von Guido Cavalcanti).

839 **Habt ihr in den Feilspänen die Rose gesehen**: Dass der Magnet, der unter einem Stück Glas, auf dem Feilspäne aus Eisen liegen, diese anzieht und ein blumenartiges Gebilde formt, war für Pound ein Beweis für die Existenz eines unsterblichen *Concettos,* der kosmischen Ordnung.

CANTO LXXXI

1 **Zeus liegt in Ceres' Busen**: Zeus als Gottvater und auch Regengott liegt bei Ceres, der Mutter Erde.

2 **Taishan**: Seit 1987 gehört der Berg zum UNESCO Weltkultur- und Weltnaturerbe. Pound macht ihn zur Stätte der Liebe.

3 **unter Cythera, vor Sonnenaufgang**: Cythera, ein anderer Name für Venus, hier der Morgenstern vor dem Sonnenaufgang.

4 **Hay aqui mucho … poco reliHion**: Hier gibt es viel Katholizismus und wenig Religion.

9 **Padre José Elizondo**: Fr. José Maria de Elizondo (1878–1922). Er starb bei einem Verkehrsunfall, was Pound in Canto LXXVI festgehalten hat.

13 **Sargent malte sie**: John Singer Sargent (1856–1925). Er war 1879–80 in Spanien und begeisterte sich für Velázquez und seine Maltechnik. Es heißt, Pound habe 1906 in Madrid bei der gleichen Wirtin gewohnt wie Sargent, der ihre Schwester Dolores gemalt haben soll.

22 **Bowers**: Claude Gernade Bowers (1879–1958), Historiker und 1933–39 amerikanischer Botschafter in Spanien.

26–38 **in Alcazar . . . machte so Geschichte**: s. N.

38–42 **Basil**: Basil Bunting lebte in der Mitte der Dreißigerjahre auf den kanarischen Inseln.

43–45 **Possum:** T. S. Eliot war 1938 als Preisrichter für den Camões-Preis in Portugal.

48 **André Spire**: (1868–1966), französischer Zionist und Dichter.

49–54 **„Sie den Einen, ich die Wenigen“:** Jefferson hatte Angst, weil er sich vor einer Alleinherrschaft, und Adams, weil er sich vor einer Oligarchie fürchtete.

59–69 **“Te cavero le budelle” / “La corata a te”**: Ich reiß dir die Därme raus. / Ich dir deine. Wortwechsel zwischen Sigismundo Malatesta und Frederigo d'Urbino.

61–62 **In weniger als einem geologischen Zeitalter**: H.L. Mencken (1880–1956) über die Langsamkeit wirtschaftlicher Veränderungen.

65 **’Ιυγξ ... ’εμὸν ποτί δῶμα τὸν ἄνδρα**: Kleines Rad ... Mann in mein Haus. Bruchstück des Refrains in Idylle II von Theokrits *Zauberrad*: zieh in mein Haus den Mann, den ich liebe.

66–70 **danke Benin ... weg vom Boden**: Wiederholung von LXXIV/317.

72–79 **Santayana**: s. N.

84–93 **und George Horace sagte ... nur einen entlaufenen**: s. N.

94 **AOI!**: Ein herzzerreißender Klagelaut.

96 **an meinen Gittern keine Althea**: Pound bedauert, dass er nicht wie Richard Lovelace in seinem Gedicht “To Althea, from Prison” Frauenbesuch bekommt.

97–116 **LIBRETTO**: s. N.

114–115 **Plötzlich ... Schönheit nicht aus**: s. N.

117 **Ed ascoltando al leggier mormorio**: und auf ein leichtes Murmeln hörend.

118–133 **kam neue Zartheit ... Zwischenraum**: s. N.

134–174: **Was du von Herzen liebst ... vollbrachte**: s. N.

151 **Paquin**: Jeanne Paquin, geb. Jeanne Marie Charlotte Beckers (1869–1936). Sie war die erste Frau, die als große Modeschöpferin anerkannt wurde.

168–172 **Blunt**: Wilfrid Scawen Blunt (1840–1922), Dichter, Diplomat, Anti-Imperialist und Pferdezüchter. Heiratete Byrons Enkelin, Annabella King Noel, was sie für Pound interessant machte.

Dank

Meine Beschäftigung mit Ezra Pound begann 1959 an der Universität Zürich. Seit 1976 bin ich an der Planung und Durchführung der Internationalen Ezra-Pound-Tagungen beteiligt. Ich bedanke mich für Anregungen bei den regulären Tagungsteilnehmern und bei vielen Autoren von Pound-Studien. Besonders verpflichtet bin ich dem 2003 verstorbenen Autor des *Companions to the Cantos of Ezra Pound* (1980 & 1984), Carroll F. Terrell, dem Herausgeber der mit Anmerkungen versehenen Ausgabe der *Pisan Cantos* (2003), Richard Sieburth, und dem Pound-Bibliographen und Pound-Kenner extraordinaire, Archie Henderson.

Anhang

Ezra Pounds renoviertes Geburtshaus in Hailey, Idaho.

Ursprüngliche Messingtafel am Geburtshaus,
mit Pound-Zitat: Ich habe mein Exil ausgestanden.

Gedenktafel in Sirmione mit dem Zitat aus Ur-Canto I:
Unser olivenreiches Sirmione ruht in seinem glanzvollen Spiegel.

Ezra Pounds Tochter, Mary de Rachewiltz, enthüllt 2004
die Gedenktafel am Haus 10 Church Walk in Kensington, London,
in dem er von 1909 bis 1914 logierte.

Ezra Pounds Grab auf der Friedhofsinsel in San Michele, Venedig.

Die drei 2015 errichteten Marmorsäulen in Tschengls im Vinschgau verkörpern Pounds Wunsch, in Südtirol einen Tempel zu errichten: ARAM VULT NEMUS (Der Hain verlangt nach einem Altar).

Der Autor

Ezra Pound wurde am 30. Oktober 1885 in Hailey, Idaho, geboren. Aufgewachsen in Philadelphia, wo er auch studierte, zog es ihn bald nach Europa. In London (1908–1920) und Paris (1920–1924) avancierte er rasch zum Vorreiter der Moderne in Literatur, Kunst und Musik. Von 1924 bis 1945 hatte er seinen Wohnsitz in Rapallo. Für Rundfunkansprachen, die er während des Zweiten Weltkriegs hielt, wurde er in den USA wegen Landesverrats angeklagt. Nach einem Aufenthalt in einem US-Straflager bei Pisa von Mai bis November 1945 folgten zwölfeinhalb Jahre Unterbringung in einer psychiatrischen Klinik in den USA. 1958 nach Italien entlassen, verstummte er zunehmend. Er starb am 1. November 1972. Sein Grab befindet sich auf der Friedhofsinsel San Michele in Venedig.

Ezra Pound, der Erneuerer und Förderer der Künste, vor allem der Poesie, hat seine eindrücklichste Dichtung als Häftling in einem Straflager bei Pisa verfasst. Nach Wochen in einem Drahtkäfig wurde er in ein Offizierszelt verlegt. Dort entwarf er die *Pisan Cantos* (LXXIV–LXXXIV) handschriftlich und tippte sie des Abends auf einer Schreibmaschine der Krankenstation. Der sonst so zitierfreudige Pound musste sich in Pisa weitgehend auf sein Gedächtnis verlassen. Außer auf die Bibel und den mitgebrachten Konfuzius-Band konnte er lediglich auf das *Pocket Book of Verse* (1940) von M. Edmund Speare zurückgreifen. Daraus zitierte er unter anderem Geoffrey Chaucer und Walt Whitman.

Neben Gedichtbänden und Essaysammlungen veröffentlichte Pound mehrere Tausend Rezensionen und Aufsätze in verschiedenen Zeitschriften.

Inhalt

MIX
Papier | Fördert gute Waldnutzung
FSC® C083411

Zeitfracht Medien GmbH
Ferdinand-Jühlke-Straße 7
99095 Erfurt, Deutschland
produktsicherheit@kolibri360.de

Druck:
CPI Druckdienstleistungen GmbH
im Auftrag der
Zeitfracht Medien GmbH
Ein Unternehmen der Zeitfracht - Gruppe
Ferdinand-Jühlke-Str. 7
99095 Erfurt